大谷翔平に学ぶ ポジティブ思考で 運命を拓く力

追手門学院大学特別顧問
日本スポーツ心理学会会員
児玉光雄

双葉社

2024年8月17日・セントルイス
対カージナルス戦の5回に放った38号本塁打は、日本人選手初となる全30球団からの一発となった。

2024年9月18日・ロサンゼルス
対ガーディアンズ戦の5回、自己最多に並ぶ46号本塁打を放ち、盗塁数の46に並んだ。

2024年8月14日・ミルウォーキー
対ブルワーズ戦の2回、三盗に成功。2024シーズンで大幅にその技術が向上したのが盗塁。まさにケガの功名だ。

2024年8月17日・アナハイム
右肘の手術を経て、この年はバッター専念した大谷選手。
この時期、来期に向けてピッチング練習も再開した。

はじめに

この本があなたの運命を変えるかもしれません。

２０２４年９月19日（現地時間。以下、ＭＬＢの試合の日付については同様）、大谷翔平選手は敵地ローンデポ・パークでの対マーリンズ戦で６打数６安打、３ホームラン、２盗塁、10打点と大活躍し、見事にメジャー史上初の「50（ホームラン）－50（盗塁）」の偉業を達成します。

特筆すべきは、６回に49号２ラン、７回に50号２ラン、そして９回には51号３ランを放った３打席連続ホームランです。このゲームで、ドジャースは20対４と圧勝し、プレーオフ進出を決めたのです。試合後、大谷選手はこう語っています。

「ホームランはねらったら出ないものだと思うので、本当に自分のいい打席を積み重ねていくのが、いちばんの近道じゃないかなとは思ってはいたので。（中略）そういう意味ではホームラン以外の打席もよかったんじゃないかなとは思います（「ＮＨＫ ＮＥＷＳ ＷＥＢ」２０２４年９月20日）

この日のことを報じた大手新聞社の大谷選手特集で、私の記事が掲載されました。そこで私はこう語っています。

「普通（のアスリート）は結果に対して、『良かった』『悪かった』と一喜一憂しがち。ただ、それが努力を怠ったり、意欲を落としたりすることにもつながる。一方、一流のアスリートは『できた』『できなかった』と分類する傾向にある。失敗の原因を見つめ、克服することで成長につながるからだ」

（「朝日新聞」２０２４年9月21日）

私はこれまで35年以上にわたり、臨床スポーツ心理学者として、スポーツ心理学の一分野である「パフォーマンス心理学」に照準を当てて、現役時代のイチローさんをはじめとする超一流アスリートの思考・行動パターンを分析してきました。

それだけでなく、スポーツの現場でトップアマやプロアスリートを中心に、彼らのパフォーマンスを引き上げるためのカウンセリングを実施してきました。

現在の私のメインテーマの一つは、大谷選手の思考・行動パターンのすごさを多くの人に伝えることです。とくに若い世代のみなさんにはこの本を読んで、大谷選手のような大きな夢を叶えるヒントにしてほしいのです。

もちろん、あなたがベテラン世代でも、彼の思考・行動パターンを知れば、目の前の仕事で大きな成果を挙げるためのスキルが身につくはずです。

この本で、私は**「なぜ大谷選手は超一流のメジャーリーガーになり得たか」**について、私の考え方をみなさんにわかりやすくお伝えしていきたいと考えています。

あなたが大谷選手のピッチングやバッティングのレベルに達することは難しいかもしれませんが、彼の考え方を仕事に取り入れることなら、すぐにでも実行できます。

まず、私が感じる大谷選手のすごいところは、「自分はできる」という**「自己有能感」**が半端ではないこと。自己有能感の有無は、起こった出来事に対して自分が抱いている自信の量の変動幅により判定することができます。

私たちはともすれば、うまくいけば自信満々になるけれど、少しうまくいかなかっただけで、すぐに自信を喪失してしまう傾向があります。大谷選手ほど、良かった出来事と良くなかった出来事との自信の量の変動が少ないアスリートを見出すのは、とても難しいのです。これは、自己有能感の高い人の特徴の一つです。

その理由は、**「スランプや不運な状況に陥ったときこそ飛躍のヒントが潜んでいる」**という確信が大谷選手の心の中に存在するからだと、私は分析しています。

どんな逆境に見舞われても、自分は必ずこのピンチを克服できると考えられる自己有能感こそ、大谷選手を超一流のメジャーリーガーに仕立てた大きな要素なのです。

さらに、**「生きているうちに最高の自分にめぐりあいたい！」**という思いが異常なほど強いから、大谷選手は、どんな逆境でも行動を持続させることができるし、落ち込むこともないのです。

「良かった時より、悪かった試合の方が記憶に残るんです。自分の弱点があったら、しっかり直していきたい。頑張れという声も、自分がマイナス思考の時は、〝ちゃんとストライクを入れろ〟に聞こえるんです」（『不可能を可能にする　大谷翔平１２０の思考』大谷翔平〈ぴあ〉）

残念ながら自らの潜在能力を正当に評価しているのは、大谷選手のようなひと握りのスーパーアスリートだけ。それ以外のアスリートは自らの潜在能力を過小評価しています。これはスポーツ界だけに留まらず、あらゆる分野に共通する事実です。つまり、私たちのほとんどは自分を過小評価しているためにちょっとしたピンチに見舞われただけで自信をなくし、それを克服する行動をやめてしまうのです。

あなたの潜在能力のすごさに気づいていないのは、他ならぬあなた自身です。

残念ながら、多くの人々は自分の潜在能力を自ら閉ざしてしまい、その能力を十分に発揮することなく一生を終えるのです。

ウカウカしていると、あなたに与えられた人生の時間はあっという間になくなってしまいます。本書で分析した大谷選手の思考・行動パターンをヒントに、大きな夢に向かって今すぐ行動を開始してください。この本を繰り返し熟読すれば、あなたの人生に奇跡が起こるかもしれません。

２０２４年９月

追手門学院大学特別顧問　児玉光雄

大谷翔平に学ぶポジティブ思考で運命を拓く力

目次

CONTENTS

第5章 「マインドセット」が幸福な人生を引き寄せる 127

第6章 人生を2倍楽しむ究極の仕事術 157

第1章

大谷選手のすごいパフォーマンスはどこからくるのか?

「天職」を武器に最強のプレーヤーになる

２０２４年５月５日、ドジャースは本拠地ドジャー・スタジアムでブレーブスと対戦。大谷選手は２番ＤＨで先発出場し、シーズン初めての１試合２本のホームランを含む４打数４安打と大活躍しました。この時点で打率３割６分４厘はナ・リーグトップ、10号ホームランはナ・リーグトップタイ。とくに２本目のバックスクリーンへのホームランは、この時点でシーズン自己最長となる４６４フィート（約１４１メートル）の特大アーチでした。

大谷選手にとっての「野球選手」ほど、「天職」という言葉がふさわしいものはありません。この日の試合を見て、多くの人がそう感じたはずです。

あるとき彼はこう語っています。

「成果が出ないと面白くないなって感じている人が多いんじゃないかなと。辛いなと思うとやめたくなるのが人だと思うので、それでも頑張りたいなって思える何かがあるなら、その時点でもう幸せじゃないかなと。僕にとってはそれがたまたま野球でしたけど、それが別の仕事の方向に向いているのであれば、それはそれで、十二分に幸せなことだなと思います」（「SEIKO PROSPEX × Shohei Ohtani インタビュー2023」）

大谷選手にとっての天職とは、成果が出ず、辛いなと思っても、「それでも頑張りたい」と思えるような仕事です。

私たちは、「大谷選手にはもともと野球の才能があったから、あんなに大活躍できるんだ」と思いがちですが、これは正しくありません。野球の才能を発揮する遺伝子なんて存在しません。誰もがゼロからスタートするのです。

たとえ成果が出なくても、それでもとにかく頑張りたい。そんな野球というスポーツに出会ったときから、大谷選手は頂点への道を歩み始めることになったのです。
大谷選手は２００２年の夏、小学2年生のときに、地元のリトルリーグのマイナーチームに入団しています。

「自分の周りではサッカー色はそんなに強くなかったですね。そりゃ、サッカーはボール1個あればできますから、昼休みにはみんなでサッカーをやってましたし、学校が終わってからも近所のお兄ちゃんやお姉ちゃん、友だちとやっていたのはサッカーでした。でもサッカーは遊び。真剣にやっていたのは野球です。もちろん野球も遊びですけど、僕の中での野球は一生懸命、真剣に取り組むものだという感覚がありました」

（『大谷翔平　野球翔年Ⅰ　日本編２０１３-２０１８』石田雄太〈文藝春秋〉）

天職とは真剣に取り組む遊びである――。
ビジネスの世界であれ、スポーツの世界であれ、「今の仕事が天職」と笑顔で語れる人が、その道の最強のプレーヤーになれるのです。

▲故障した肘を手術したため、打者専念でスタートした
2024年シーズン。不安を一掃する活躍を見せた。
2024年9月11日、対ガーディアンズ（ロサンゼルス）

「人の役に立ちたい」という思いを膨らませよう！

２０１９年6月13日、大谷選手はレイズ戦で、メジャーリーグの日本人選手としては初めてサイクルヒットを記録し、歴史に名を刻みました。

大谷選手にすごいパフォーマンスを発揮させている原動力の一つは、「ファンを感動させたい」「ファンに勇気を与えたい」といった「誰かのために」という強い思いです。このパワーをあなどってはいけません。２０１７年12月9日に開催されたエンゼルス入団記者会見で、大谷選手はこう語っています。

「僕自身は、ファンの方々と球団の方々と一緒に（二刀流を）つくっていくものだと思っているので、まだ完成した選手ではないですし、みなさんの応援で成長させてほ

しい。僕もそれに応えて頑張っていきたい」
（『大谷翔平語録』斎藤庸裕〈宝島社〉）

「自分のため」に仕事をするという発想ではモチベーションに限度があります。大谷選手のように「誰かのため」を仕事にするという発想に転換したとき、モチベーションレベルがいっきに上昇するのです。

実は、私が「スポーツ心理学」という分野をライフワークに選んだのは、単にスポーツに興味があったからではありません。自分がそれまでスポーツに関わってきたキャリアが、現役アスリートたちの競技力向上に貢献できるのではないか、そう考えたからです。

あるいは、大谷選手やイチロー選手といったスーパーアスリートが、なぜあれほどすごいパフォーマンスができるのか、その秘密を多くの人々に知ってほしい。そして彼らの考え方を仕事に取り入れて成果を挙げるヒントにしてほしい。そういう思いが、私に有名アスリートたちのコメント分析に関する本をこれまでに何十冊も書かせてくれたのです。

他人のために自分ができることを発見したとき、それは強力なモチベーターとなり得るのです。

誰かのためにする仕事は、同時に、それを行う人自身にも大きな喜びを与えてくれます。私も、メンタル面のバックアップをしているプロゴルファーが初優勝したときなど、この仕事を選んで本当に良かったと、幸福感にひたることができます。同時に、私が考案したメソッドが、アスリートの技術力向上に貢献している手応えを感じることができるのです。

もちろん、若いうちは自分のためにがむしゃらに仕事に取り組む時期があってもいいでしょう。しかし、そこはなるべく早く卒業して、「人の役に立ちたい」という思いに突き動かされて目の前の仕事に集中してこそ、あなたはワンランクもツーランクも上の世界に行けるのです。

▲常に一つ先の塁を狙う積極的な姿勢も大谷選手の魅力。
そのアグレッシブなプレーが私たちを感動させてくれる。
2019年6月13日、対レイズ（セントピーターズバーグ）。

「仕事」と「趣味」の両立こそ人生最大の幸福

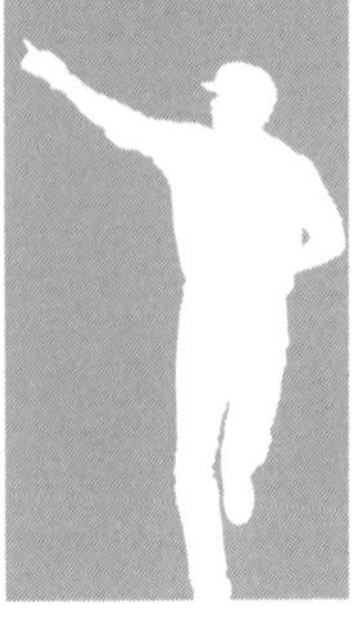

2022年10月5日、シーズン最終戦となった敵地アスレチックス戦に「3番・投手兼指名打者」として先発出場。この試合で大谷選手は「規定投球回」に達して、すでに達成している「規定打席」と合わせて同一シーズンでの「ダブル規定到達」というメジャー史上初の記録を達成したのです。

大谷選手は自分の「気持ち」を何よりも重視するアスリートです。

「毎年、自分のベストな年にしたいと思ってますね。失敗は失敗でいいと思いますけど、成功しても気持ちよく野球をやれていないと意味がないと思うので、なによりも気持ちよく野球をやることができたらと思います」（「SPREAD」2020年3月30日）

大谷選手のように、自分にとって気持ちよく仕事ができる工夫をすることを優先すれば、どんな仕事も楽しくなって、心の中は幸福感で満ち溢れてきます。

ピューリッツァー賞など数々の受賞歴があるアメリカの有名作家ジェームス・ミッチェナーはこう言っています。

「人間は内面への旅を通して、自分自身を発見する。もしこの旅に失敗したら、他に何を見つけても意味はない」（『自分を変える89の方法』スティーヴ・チャンドラー／著、桜田直美／訳〈ディスカヴァー・トゥエンティワン〉）

大谷選手が、普段から自分の気持ちと向き合い、内面との対話を大切にしているのは、**「アスリートとしての究極の自分を発見したい」**という思いが根底にあるからです。

ここで考えておきたいのが趣味についてです。趣味の世界で自分自身を発見し、自己実現することも、人生の大きな幸福と満足を与えてくれます。

大谷選手なら「仕事が趣味」という答えが返ってくるでしょうが、世の中には、趣味にしたほうがいいのに、それを仕事にしてしまった人もいれば、逆に、それを仕事にするべきなのに趣味にしてしまった人もいます。彼らは、同じように不幸だといえるでしょう。

あなたには、仕事と趣味との両立を実現してほしいのです。「どちらか」ではなく、「どっちも」です。

一般的に、趣味と仕事の大きな違いは、そのことに報酬がつきまとうか否かということです。

仕事をして生活に必要な金銭報酬を確保することはもちろん重要です。しかし、それだけでなく、報酬の伴わない趣味を通じて、生きる喜び、明日への活力を得ることも、仕事と同じくらい大切です。

1日を仕事だけで埋めることもダメなら、趣味だけで埋めるのもダメ。仕事と趣味を両輪にした自己実現こそ、人生究極の幸福なのです。

▲プロ入り前には多くの人が疑った〝二刀流〟だが、
NPBでの活躍を経て、MLBでも実現してみせた。
2022年10月5日、対アスレチックス（オークランド）

自分の目の前の仕事に「意義」を見つけよう

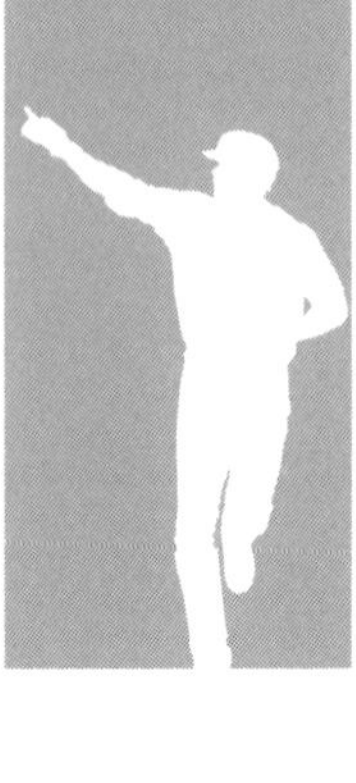

２０２３年３月21日、「侍ジャパン」はアメリカとのＷＢＣ決勝戦を迎えていました。３対２と１点差でリードしていた９回表、栗山英樹監督は大谷選手を救援のマウンドに送り込み、チームの命運を託します。

大谷選手は先頭打者に四球を与えるも、続くムーキー・ベッツ選手（ドジャース）を二塁ゴロの併殺に打ちとります。そして、迎える最終バッターであるエンゼルスの僚友マイク・トラウト選手をみごと空振り三振に打ちとり、熱戦に決着をつけました。前回大会優勝のアメリカを破り、３大会ぶり３度目の世界一を達成したのです。

印象的だったのは、トラウト選手のバットが空を切った瞬間、大谷選手がグラブと帽子を放り投げ、雄叫びを上げたシーンです。彼が人生の多くの時間を野球に捧げたことによって勝ち得た喜びが、ほとばしり出た瞬間でした。

「野球に関しては、それがとてつもなく楽しかったので、今まで続いているんでしょうね。算数が好きだったら、数学者になればいいんです。僕の場合は、たまたま野球だったんです」（『道ひらく、海わたる　大谷翔平の素顔』佐々木亨〈扶桑社〉）

「好き」な野球を「仕事」にした大谷選手にとって、野球はまさに天職です。しかし、「好き」を「仕事」にすることは、あなたが考えているほど容易ではありません。

ここにシビアなデータがあります。日本の高校・大学の全野球部員のうち、プロ野球選手になれる確率は、０・16％だというのです（『日テレジータス』２０２０年9月18日）。わずか１０００人に１人か２人です。

これは極端な例ですが、多かれ少なかれ、報酬が高く魅力的な仕事ほど狭き門となり、その仕事にありつくのは至難の業《わざ》となります。

では、好きなことを仕事にしないと人生の満足感は得られないのでしょうか。
ミシガン大学の心理学者エイミー・ルゼスニュースキー博士は、「人々が人生から得ている満足感の大小は、彼らが自分の仕事をどのように見ているかに、大きく依存している」と述べています。

あなたは自分の仕事をどう見ていますか。
まず最優先すべきは、「自分の目の前の仕事に意義を見出す」という選択肢です。
そのことについて真剣に考えてみましょう。

すでにその仕事にはニーズがあり、対価としてお金を払ってくれる雇用主もお客さんも存在しています。それを、収入を得るための単なる「道具」で終わらせるのか、それともそこに「意義」を見つけ、やりがいに満ちた日々を送るのか。あなたの見方しだいで、仕事が、人生が変わるのです。

▲盟友・トラウトから三振を奪いグラブを放り投げた。
大谷選手がここまで感情をあらわにするのはまれなこと。
2023年3月21日、対アメリカ代表(マイアミ)

描いた夢の大きさが運命を左右する

私が、大谷選手のあまりのすごさに、鳥肌が立った試合があります。

２０２３年７月27日のエンゼルス対タイガースのダブルヘッダーでのこと。第１試合で大谷選手は先発登板し、メジャー初となる完封勝利で９勝目を挙げます。さらに続く第２試合で２番・指名打者で先発出場すると、２打席連続の37、38号ホームランを放ったのです。

メジャーリーグの試合で、ダブルヘッダーの一つの試合で完封した選手が、もう一つの試合でホームランを打った例は彼が史上初めてです。

とにかく大谷選手がすごいのは、常識的にありえない「マンガのような」記録を次々に実現してしまうところです。大谷選手が野球人として描く夢は、私たちの想像を絶する規格外のものに違いありません。

残念ながら、ほとんどの人たちは過去のキャリアの延長線上に将来の夢を描くので、夢は現実に引き戻されてどんどん小さく萎《しぼ》んでいきます。そんな、ちょっと努力をしただけで叶うような夢を、はたして夢と呼べるでしょうか。

「ちっちゃい頃から始めて、終わるまでの野球人生、30年以上あったとして、全部の技術は習得することはできないと思うんです。走攻守、すべてにおいてレベル100の選手なんて、あり得ない。だからどこまでそこへ近付けるのかが一番の楽しみですし、現役のうちにできる野球の技術、すべてに取り組みたい。僕はここまで野球がうまくなったということを自分に残したいんです」（『大谷翔平　野球翔年Ⅰ　日本編2013－2018』石田雄太〈文藝春秋〉）

言葉は控えめですが、大谷選手は、「走攻守、すべてにおいてレベル100」、つまり「野球の神様」にできるだけ近づきたい、と本気で考えているのです。

あなたの人生は1回きり。ならば、少しの努力で実現できそうなことにチャレンジしても、面白くもなんともありません。それどころか、人生の貴重な時間の無駄遣いでしかないのです。

アメリカの著名な心理学者ウィリアム・ジェイムズ博士の以下の言葉を噛みしめてください。

「心が変われば行動が変わる。行動が変われば習慣が変わる。習慣が変われば人格が変わる。人格が変われば運命が変わる」（『ウィリアム・ジェイムズ入門』スティーヴン・C・ロウ／編著、本田理恵／訳〈日本教文社〉）

人間の運命を左右するのは、その人の才能ではありません。心に描いた夢の大きさなのです。

▲1試合を投げ切って疲労困憊にもかかわらず、2試合目に2本のホームランを放つ。まさに〝無双〟の活躍。2023年7月27日、対タイガース（デトロイト）

「やらされ」仕事に面白さを見つける方法

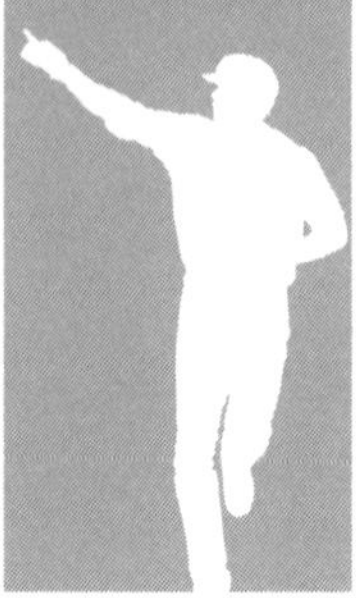

２０２２年８月９日、この日大谷選手はオークランドで行われたアスレチックス戦で「２番・投手兼指名打者」として先発し、６回無失点でこのシーズン10勝目を挙げ、１９１８年のベーブ・ルース以来、１０４年ぶりとなる同一シーズンでの「２桁勝利・２桁ホームラン」の偉業を達成しました。

仕事に生きがいを感じて成果を出している人に共通するのが、何事にも自発的に取り組んでいるということです。

「打ちたくなったから、打っているだけなんです。子どもがボールを打ちたくなって、バッティングに行くような感覚ですね」（『不可能を可能にする 大谷翔平１２０の思考』大谷

翔平〈ぴあ〉）

あなたは子どもの頃、「一生懸命」遊ぼうとか、「努力して」遊ぼうとか考えながら遊んでいたでしょうか。ただひたすら遊びに夢中になっていたはず。これが自発的に行動するということです。

仕事中に「一生懸命」とか「努力」といった言葉が頭に思い浮かぶとき、それはたいてい「やらされている仕事」をしているときです。一方、「自発的な仕事」をしているときは、仕事のこと以外、余計なことは何も考えていません。

「やらされている仕事」と「自発的な仕事」では、仕事中の時間感覚も違ってきます。仕事中に退社時間を気にして何度も時計を確認しているなら、それは「やらされている仕事」です。

仕事にのめり込んで、気がついたら深夜になっていたなら、その仕事は間違いなく「自発的に行っている仕事」です。

『幸福論』に記されているフランスの哲学者アランの言葉が私たちの心に刺さります。

「どんな職業も、自分が支配しているかぎりは愉快であり、自分が服従しているかぎりは不愉快である。（中略）自由に一人でする狩猟は、激しい楽しみをあたえる。狩猟家は自分で計画を立て、それに従うなり変更するなりすればよくて、他人に報告したり弁解したりする必要がないからである」

仕事には、必ずどこかに面白い要素が潜んでいるものです。「好奇心」や「興味」を前面に出して仕事に向き合えば、仕事の面白さは簡単に見つけられるようになり、やがて自発的に仕事に取り組んでいる自分に気づくはずです。

あるいは、結果の成否を恐れず、なにがなんでも自分自身で決断する。そういう覚悟で仕事に臨めば、仕事に「やらされ感」がなくなり、仕事自体がどんどん楽しく、面白くなるのです。

▲歴史上の選手を超え、さらに記録を塗り替えていく。
彼が夢を叶える姿を見る私たちは歴史の証人と言える。
2022年8月9日、対アスレチックス（オークランド）

第2章

一日一生！
今日を最高に充実させる秘訣

あなたは1年先の今日、どんな人間になっていますか？

もしあなたが20代なら、失敗の数を誇ることです。30代になれば、これまでの失敗を糧に、成長を続けることができます。人生の守りに入るのは、ずっとあとでいいのです。

ところが、残念なことに、最近では、20代、30代ですでに挑戦を避け、すっかり落ち着いて老人のような若者を多く見受けます。

失敗を避けて安全な道ばかり歩んでいると、経験という武器も仕事のスキルも身につきません。

そんな人は、ちょっとしたピンチに見舞われただけで簡単に挫折してしまいます。

私は職業柄、プロスポーツの世界で、そんな若者をたくさん見てきました。

大事なことは、まず「自分はどこに向かうのか？」について自問すること。それを決めたら、何が起ころうともがむしゃらにゴールに向かって前進を続け、たくさん失敗することです。失敗をくらって、貪欲に成長していけばいいのです。

世の中には、「動く歩道に乗っているだけ」の覇気のない若者もいれば、70歳を越えて「さあ、これからが私の人生の本番だ！」と、自転車での日本一周にチャレンジする人もいます。

エミー賞を受賞した著名な俳優・声優のベン・スタインはこう語っています。

「人生で欲しいものを手に入れるための第一歩は、自分の欲しいものを決めることだ」

（『あなたの潜在能力を引き出す20の原則と54の名言』ジャック・キャンフィールド、ケント・ヒーリー／著、弓場隆／訳〈ディスカヴァー・トゥエンティワン〉）

「自分のほしいもの」をイメージするために、次の質問の答えを、素直に、真剣に考えてください。

①あなたは1年先の今日、どんな人間になっていますか?

②あなたは1年先の今日、どんな新しい才能を手に入れていますか?

③あなたが1年先の今日、手に入れておきたいものは何ですか?

左ページに「内面との対話シート」(図表2-1)を示します。右の3つの質問を加えた私のオリジナルです。

答えを頭の中で考えるだけでなく、しっかりペンで書き込んで、それらの明確なイメージを脳に強くインプットしてください。そうするだけで、ナビシステムに行き先を入力したときのように、思い描いた1年先の自分という目的地に、最短距離と最短時間のルートでたどり着くことができるでしょう。

図表2-1 内面との対話シート

＿＿＿年＿＿月＿＿日

1. 今、一番ほしいものは何ですか?

＿＿＿＿＿＿＿＿＿＿＿＿＿＿＿＿＿＿＿＿

＿＿＿＿＿＿＿＿＿＿＿＿＿＿＿＿＿＿＿＿

2. 今、何が一番やりたいですか?

＿＿＿＿＿＿＿＿＿＿＿＿＿＿＿＿＿＿＿＿

＿＿＿＿＿＿＿＿＿＿＿＿＿＿＿＿＿＿＿＿

3. 自分の最大の夢は何ですか?

＿＿＿＿＿＿＿＿＿＿＿＿＿＿＿＿＿＿＿＿

＿＿＿＿＿＿＿＿＿＿＿＿＿＿＿＿＿＿＿＿

4. 自分の最大の武器は何ですか?

＿＿＿＿＿＿＿＿＿＿＿＿＿＿＿＿＿＿＿＿

＿＿＿＿＿＿＿＿＿＿＿＿＿＿＿＿＿＿＿＿

5. 最高の幸せを感じるのはどんな瞬間ですか?

＿＿＿＿＿＿＿＿＿＿＿＿＿＿＿＿＿＿＿＿

＿＿＿＿＿＿＿＿＿＿＿＿＿＿＿＿＿＿＿＿

6. あなたは1年先の今日、どんな人間になっていますか?

＿＿＿＿＿＿＿＿＿＿＿＿＿＿＿＿＿＿＿＿

＿＿＿＿＿＿＿＿＿＿＿＿＿＿＿＿＿＿＿＿

7. あなたは1年先の今日、どんな新しい才能を手に入れていますか?

＿＿＿＿＿＿＿＿＿＿＿＿＿＿＿＿＿＿＿＿

＿＿＿＿＿＿＿＿＿＿＿＿＿＿＿＿＿＿＿＿

8. あなたが1年先の今日、手に入れておきたいものは何ですか?

＿＿＿＿＿＿＿＿＿＿＿＿＿＿＿＿＿＿＿＿

＿＿＿＿＿＿＿＿＿＿＿＿＿＿＿＿＿＿＿＿

仕事は、本当は「誰のため」にあるのか？

「ユニクロ」創業者の柳井正さんは、若い人に向けてこう発言しています。

「私が若い人に伝えておきたいのは、できるだけ早く、『一生かかって何をしたいのか』という目標を明確にして仕事をすべきだということです。ほとんどの人が目標もないのに毎日どっちの方向に行っていいのか分からずに努力している。これは無駄です。自分で決めてもいいし、周囲から教えてもらってもいい。結論はこれだという方向を決めて取り組む。継続して取り組むことです」（『プロ論。』Ｂ－ｉｎｇ編集部／編〈徳間書店〉）

大谷選手の掲げる目標は、まさに明確そのものです。次に紹介するのは、２０２３

年12月11日、ドジャースと正式契約した日に発表された大谷選手のコメントです。

「目標はいくつものワールドシリーズの優勝パレードをロサンゼルスの街にもたらすこと」（「ＮＨＫ ＮＥＷＳ ＷＥＢ」２０２３年12月15日）

とても具体的で、かつ視覚的に表現しているのが、いかにも大谷選手らしいところです。また、「ファンに喜んでもらう」ことも彼の大事な目標の一つです。

「本当にアメリカの全員が僕のことを愛してくれているのかどうかはわかりませんが、できることは、フィールド上でもっているものをすべて出し切り、そうすることで、見ている人たちに力を与え、楽しんでもらうことですね。楽しんでもらうことが、いちばんです」（『ＳＨＯ－ＴＩＭＥ２・０ 大谷翔平 世界一への挑戦』ジェフ・フレッチャー／著、タカ大丸／訳〈徳間書店〉）

ファンを感動させるようなホームランを打ったり、豪速球を投げたりすることが、彼にとっての最大のミッションであり、これが毎試合、プレーに全力を注ぐ最大のモチベーションになっているのです。

ところで、私は現在多くのプロゴルファーのメンタルカウンセラーを務めていますが、そこで痛感するのは、趣味でやるならゴルフほど面白いスポーツは他に見当たらないが、職業としてやるとなると、こんなに辛い仕事はないということです。

・毎週15~20万円の経費が消えていく。
・予選落ちをすると一銭も報酬が入ってこない。
・毎週5~6ラウンドのプレーを余儀なくされる。
・若い才能に満ち溢れたゴルファーが次々とプロテストで参入してくるので、競争はますます厳しくなる。

これが職業としてのプロゴルファーの現実です。
年収があらかじめ保証されているビジネスパーソンと比べて割の合わないことだら

け。外側から見ていると華やかに見える魅力的な職業も、いざ自分が仕事として引き受けてみると、「こんなはずじゃなかった」ということがたくさん出てくるのです。

仕事が辛くなるのはなぜか。
それはひと言で言えば、多くの人が仕事は自分のためにあると考えているからです。
仕事というのは、自分のために存在しているのではなく、その仕事の享受者のために存在するのです。

プロスポーツの世界では、入場料・観戦料を払ってくれるファンのために、アスリートの仕事が存在しています。大谷選手もこのことを自覚しているからこそ、「見ている人たちに楽しんでもらうこと」をモットーに掲げているのです。

仕事をする人は、その仕事を享受する人たちの奉仕者。
こう考えて仕事に臨めば、「辛い」という言葉が脳裏に浮かぶことは、きっとなくなるはずです。

やらずに後悔するより、やってみて後悔しよう！

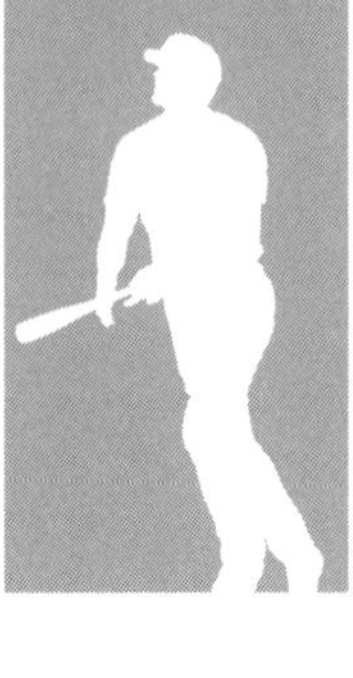

大谷選手は、何事につけ「自分はどう考えるか」を基準に行動します。決断や選択を迫られたとき、誰かにアドバイスを求めるのではなく、「迷ったときは自分に従う」のが大谷流です。

49ページに紹介するのは、私の大好きな、アップルの創業者の一人であるスティーブ・ジョブズの言葉です。２００５年6月、スタンフォード大学の卒業式での祝賀スピーチの一節ですが、「自分の内なる声」を大事にする姿勢は、大谷選手の考え方と共通しています。

実は、大谷選手もジョブズの言葉に触発されたことを告白しています。ぜひあなたも、これらの言葉を繰り返し味わって、自分の生き方の一部にしてください。

コーネル大学の心理学者トーマス・ギロビッチは、「人生を振り返ってもっとも後悔することは何か？」というテーマで調査を行いました。

その結果、回答の75％が、「行動しなかったこと」への後悔でした。私たちは、失敗したことよりも、「あのとき、行動を起こさなかったこと」を強く悔やむのです。

後悔には2種類あります。「好ましい後悔」と「タチの悪い後悔」です。

果敢に行動を起こしても、当然ながら、成功するときもあれば、失敗するときもあります。しかし、果敢に挑戦して失敗したときの後悔は引きずりません。知らないうちに心の中からきれいさっぱり消え去っています。これが「好ましい後悔」です。

一方、行動をためらったとき、人間は激しく後悔します。それだけでなく、あとあとまで引きずって私たちを苦しめ、ますます消極的な人間にします。これが「タチの悪い後悔」です。

二刀流にこだわることについて、大谷選手はこう語っています。

「実際に『二つをやっている』ということが事実なだけで、もしかしたら、片方をやっていたほうがいいのかもしれない。でもやっぱり、二つをやっていたほうがいいのかもしれない。そこには正解がなくて、僕としては『やったことが正解』というだけなんです」（『道ひらく、海わたる 大谷翔平の素顔』佐々木亨〈扶桑社〉）

同じ後悔をするなら、「やらない後悔」ではなく、「やってみた後悔」を優先させましょう。大谷選手のように「やったことが正解」の精神で、果敢なチャレンジを続けましょう。

行動を起こすのが恐い、という人は、次のページに掲げるアメリカの作家、ドミニク・グロシューの言葉を味わってください。行動の不安は、行動が消してくれるのです。

君たちの時間は限られている。
だから自分以外の他の誰かの人生を生きて、無駄にする暇なんかない。
その他大勢の意見の雑音に、自分の内なる声、心、直感を掻き消されないことだ。
自分の内なる声、心、直感というのは、
どうしたわけか君が本当になりたいことは何なのかを、
もうとっくの昔に知っているんだ。
だからそれ以外のことはすべて二の次でいい。

——スティーブ・ジョブズ（『続・働く理由——99の至言に学ぶジンセイ論。』戸田智弘〈ディスカヴァー・トゥエンティワン〉）

行動は恐怖を消してくれる。
行動に移ろう。待っていてはいけない。
100%準備ができていることなんてないのだから。

——ドミニク・グロシュー（『働く理由——99の名言に学ぶシゴト論。』戸田智弘〈ディスカヴァー・トゥエンティワン〉）

「目標」までの「プロセス」が一番大事

目標設定とモチベーションの関係は、スポーツ心理学の重要なテーマの一つです。確かに、高い目標を立てることでモチベーションは上がります。しかし、ここに落とし穴があります。

多くの人が、最終目標の高いゴールにばかり目がいって、到達するまでのプロセスを軽視してしまうのです。

忘れてはいけないのは、目標達成までの過程において、毎日、ベストを尽くすということ。つまり、プロセス重視の生き方です。

日本ハム時代の大谷選手はこう語っています。

「一日一日、うまくなるためにやっていくというのは今年も何も変わらない。もちろん試合に出続けて結果を出しながら、というのが一番なのかもしれませんけど、個人的には練習でも試合でも気持ちは変わりませんでした」（『大谷翔平　野球翔年Ⅰ　日本編2013−2018』石田雄太〈文藝春秋〉）

彼にとっては、日々の地道な練習も試合と同じくらい大事。「年間何本のホームランを打ったか」というのは、単なる結果であり数字にすぎません。大谷選手は、何よりも一日一日の行動に、意義とやりがいを感じているのです。

「希望に満ちて旅行することが、目的地に到着することより、よいことである」（『続・働く理由――99の至言に学ぶジンセイ論。』戸田智弘〈ディスカヴァー・トゥエンティワン〉）

これは19世紀に生きたイギリスの作家ロバート・スティーヴンソンの言葉です。彼は幼い頃から病弱でしたが、療養しながら『ジキル博士とハイド氏』や『宝島』などの後世に残る作品を発表しました。残念ながら44歳で早逝しますが、きっと後悔のない作家人生を歩んだに違いありません。

あなたは一回きりの「人生の時間」を大切に使っているでしょうか。

一日一日の積み重ねが人生です。結果を求めず、一日という単位を精一杯生き切ること。結果はあとからついてきます。

そのことについて、大谷選手はこう語っています。

「知らないところでやるときはワクワクしますね。（中略）経験のないこと、知らない場所というのは、実際にやってみないとわからないものがたくさんありますし、その場所に行ってみないと自分の実力がわからないものだと思います」（『道ひらく、海わたる　大谷翔平の素顔』佐々木亨〈扶桑社〉）

今日という初めて迎える日に期待でワクワクする！

こんな人生は、毎日が楽しいだけでなく、得るものも多いのです。

おそらく大谷選手の脳裏には、**「練習や試合で振るバットの一振り一振り、マウンドから投げるボールの一球一球が、すべて自分を成長させるための実験」**という考えが存在しているはず。

結果の良し悪しにこだわるのではなく、日々の行動の一つひとつが、自分が成長し、進化するために不可欠な要素であると、彼は確信しているのです。

「無理」「できない」と決めつけるのはやめよう

アメリカの精神科医・心理学者のプレスコット・レッキー博士は、「自己イメージ（自己評価）」に関する研究の世界的権威として知られています。

彼はある実験で、「人格の中心にある」自己イメージをコントロールすることによって、学習能力が見違えるほど向上することを証明しています。

たとえば、ある男子生徒は書き取りをすごく苦手としていましたが、書き取りが苦手という自己イメージを変えることで、翌年の書き取り試験で校内屈指の成績を挙げることができました。

また、語学が苦手で、4回も単位を落としたことのある女子生徒も、レッキー博士の指導を受けて語学への苦手意識を払拭し、次の試験で優秀な成績を修めることができたのです。

レッキー博士によると、彼らはもともと能力が劣っていたわけではなく、「自分は書き取りが苦手だ」「語学の才能がない」といった間違った自己イメージ（思い込み）に囚われ、自分の能力を過小評価していただけでした。つまり、「思い込み」がその人の潜在能力に蓋《ふた》をしていたのです。

こうしたマイナスの自己イメージをプラスに変化させると、閉じ込められていた潜在能力が引き出されます。その方法はいたってシンプルです。

「私はこの仕事に向いていない」→「私はこの仕事をするために生まれてきた」

「数学が苦手だ」→「学習法を変えれば数学はもっと面白くなる」

「テニスの選手として私は才能に恵まれていない」→「私の一番得意なフォアハンドを武器にすればライバルを打ち負かすことができる」

思い込みの蓋をはずすには、このようにネガティブな言葉をポジティブな言葉に変換して、自己イメージの上書きをすればいいのです。これだけで、好ましいプラスの自己イメージが形成され、潜在能力がぐんぐん引っ張り出されます。

アメリカにあるノースウェスタン大学の心理学者リサ・ウィリアムス博士は、87名の学生に、パソコン画面に表示されたドット（点）の数を数えさせるというとても退屈な作業をさせました。

この実験の目的は、どのような性格タイプの人間が粘り強く目の前の作業に取り組めるかを検証することでした。

その結果、自分に自信のある学生は、そうでない学生に比べて1・5倍長くこの単純な作業を継続することができました。自分にプラスの自己イメージを抱く自信家タイプは、粘り強い、途中で諦めないことがわかったのです。

大谷選手は小さい頃から、過剰とも思えるほどの自信満々の言動を貫いてきました。

次に紹介するのは、彼が高校時代の言葉です。

「（目標にしている160キロを投げることが）出来ないと決めつけるのは嫌でした。ピッチャーが出来ない、バッターが出来ないと考えるのも本当に嫌だった。最後に160キロを投げられたのは自信になったと思います」（『不可能を可能にする 大谷翔平120の思考』大谷翔平〈ぴあ〉）

あなたも「自分は○○ができない」と決めつけるのはやめましょう。マイナスの自己イメージで自分の潜在能力に蓋をしても、なんの得もありません。

あなたの個性を活かすも殺すも、あなた自身が自分をどのような人間ととらえているかという「自己イメージの描き方」しだい。人格の中心にある自己イメージが変われば、あなたの運命が変わるのです。

今日が輝き出す魔法の言葉「メメントモリ」

最近、私の脳裏に繰り返し浮かんでくる「短歌」があります。

熾《さか》んなる 夕焼け空だ 懸命に 飛ぶヒコーキよ 暮れるぞ急げ

これは、私が尊敬するスポーツ心理学の権威、長田一臣先生の著書『スポーツと催眠』（道和書院）の中で紹介されていたものです。長田先生は、かつてオリンピック選手を心理面で支え、その勝利に貢献したことでも知られています。

この短歌の中の「熾んなる夕焼け空（真っ赤に焼けた夕焼け空）」は、人生の残り時間が少ないことを予感させます。

日が暮れたあとに訪れる闇は「死」を意味します。闇を迎える直前の夕焼け空に向かって懸命に飛ぶ飛行機は、私たちの人生そのもののはかなさを象徴しているのです。

若いからといって、明日のあなたが今日と同じように元気でいられる保証はありません。仕事を終えて帰宅する際に交通事故に巻き込まれるかもしれないし、就寝中に突然心筋梗塞で亡くなる可能性も皆無ではありません。私たちはみんな、生と死が隣り合わせの人生を生きているのです。

「メメントモリ」という言葉があります。ラテン語で「死を思え」という意味で、ヨーロッパのキリスト教の修道士たちが互いの挨拶で交わした言葉だそうです。自分が死すべき運命であることを忘れず、限られた命を、今この瞬間を、精一杯生きよ、という教えが込められています。

大谷選手とドジャースとの契約が終了するのは２０３３年ですが、プロアスリートは、思わぬケガや病気がつきものです。大谷選手にしても、契約終了を待たず、いつキャリアの終わりが来てもおかしくないのです。その意味で、プロアスリートの人生は「キャリアの終わり」と常に隣り合わせです。

「プロ野球選手にとって勝ち続けることは大事ですけど、それとは別に、自分の中に何かを残すことはそれ以上に大事なのかなと思っているんです。それが何なのかは終わってみなければわからない部分ですけど、やっぱり最後に満足して終わりたい。何も残らなかったというのが、一番悲しいですからね」（『大谷翔平　野球翔年Ⅰ　日本編２０１３-２０１８』石田雄太〈文藝春秋〉）

あなたがまだ20代、30代なら、「自分の人生は、まだ先が長い」と考えているかもしれません。しかし、昔から言うように「光陰、矢の如し」です。後悔することがないように、今を生き切ることをモットーにしてください。

この世に人間として生を受けた奇跡に感謝して、朝、「今日も生きている。さあ、今日もエネルギッシュに一日を完全燃焼させるぞ！」と叫んで、ベッドから飛び起きましょう。

そして、夜、ベッドに入る前に、次のメッセージに「はい」と答えることを日課にしましょう。

今日、自分は一歩前進しただろうか？

今日、全力で生き抜いたと感じられるだろうか？

明日、鳥肌が立つようなゾクゾクするイベントの予定があるだろうか？

あなたが想像しているほど、他人はあなたのことを考えていません。みんな自分のことだけで精一杯です。結局、あなたのことを一番考えているのは、他ならぬあなた自身なのです。

ならば、自分の選んだ道を、脇目も振らず、「一日一生」の覚悟で、堂々と歩もうではありませんか。

「日課カード」で一日を最高に充実させる

もしあなたが20代なら、なんとしてでも30歳になるまでに「自分の生き方」を見つけるようにしてください。

その生き方が正しいか、間違っているかは関係ありません。そんなことを考える前に、これが「自分の生き方」だというのを決めて、勇気を出して一歩前に踏み出してほしいのです。

『タクシードライバー』などの名作で知られるアメリカの著名な映画監督マーティン・スコセッシが、いいことを言っています。

「やり方は３つしかない。正しいやり方、間違ったやり方、俺のやり方だ」（『続・働く理由──99の至言に学ぶジンセイ論。』戸田智弘〈ディスカヴァー・トゥエンティワン〉）

たとえば、あとで詳細を述べますが私の場合、大企業に勤めて5年後に2年間海外留学したことが、「俺のやり方」の第一歩でした。この選択が、のちに私の人生の大きな転換を可能にしたのです。

留学から帰国後の3年間は、独立するための準備期間でした。衝動的に脱サラしても、到底うまくいくはずがありません。最終的には独立することになるのですが、今の組織に残って、そこに自分に一番適した場所を見つけだすのか、それとも勇気を出して組織を飛び出して独立すべきなのか。この課題をじっくり考える時間が必要だったのです。

「いくつかあるパターンの中で、これがいいのか、あれがいいのかを１日に一つだけ試していく。一気に二つはやりません。で、これはよかった、こっちはどうだったと、毎回試していく感じです。それを毎日ｉＰａｄに書き留めています」（『Ｎｕｍｂｅｒ』

1002号・2020年5月21日〈文藝春秋〉

「その日やるべきこと」を、1日単位で着実に行動として積み重ねることは、とても大切です。

左ページに私の考案した「日課カード」（図表2-2）を示します。

まず、その日最優先でやるべき課題を3つピックアップして記入し、その3つの課題を全力でクリアしましょう。

次に、その日の夜に、課題の達成度を書き込んでください。その日の反省も忘れず記入しましょう。

その際、大谷選手のように、iPadなどのタブレットの活用は利便性と機能性の面でも大いにおすすめです。

図表2-2 日課カード

＿＿＿年＿＿月＿＿日

私はこの日課を今日中に必ず達成する

	達成度（%）
① ＿＿＿＿＿＿＿＿	
＿＿＿＿＿＿＿＿	
＿＿＿＿＿＿＿＿	＿＿＿＿
② ＿＿＿＿＿＿＿＿	
＿＿＿＿＿＿＿＿	
＿＿＿＿＿＿＿＿	＿＿＿＿
③ ＿＿＿＿＿＿＿＿	
＿＿＿＿＿＿＿＿	
＿＿＿＿＿＿＿＿	＿＿＿＿

反省欄

＿＿＿＿＿＿＿＿＿＿＿＿＿＿＿＿

＿＿＿＿＿＿＿＿＿＿＿＿＿＿＿＿

＿＿＿＿＿＿＿＿＿＿＿＿＿＿＿＿

＿＿＿＿＿＿＿＿＿＿＿＿＿＿＿＿

＿＿＿＿＿＿＿＿＿＿＿＿＿＿＿＿

＿＿＿＿＿＿＿＿＿＿＿＿＿＿＿＿

＿＿＿＿＿＿＿＿＿＿＿＿＿＿＿＿

※次ページにカードの記入例を掲載しています。

日課カードの記入例

2024 年 4 月 12 日

私はこの日課を今日中に必ず達成する

	達成度(%)
① 新田商事との契約を成立させる	65
② 来週水曜日の企画会議の資料を全部まとめあげる	90
③ 上戸氏とのミーティングで新規顧客のネットワーク計画を練る	40

反省欄

新田商事との契約は持ち越しになったが、感触は悪くなかった。契約内容を練り直して、再度来週木曜日に契約交渉をすることになった。

企画会議の資料作成は、ほぼ終了した。ただ、時間が予想外にかかってしまった分、ミーティングに十分な時間が割けなかった。

第3章

こうすれば仕事はもっと面白くなる!

「天職」は遠くではなく、あなたの足元にある

いっときほどの人気はなくなったとはいえ、今も多くの子どもたちが、将来の憧れの職業として「野球選手」を挙げています。

しかし、そこには厳しい現実があります。

すでにこのことについて触れていますが、日本の高校・大学の全野球部員のうちの1000人に1人か2人がドラフトで指名され、それでやっとプロ野球選手の切符を手に入れるのです。

さらに、たとえプロ野球選手になれたとしても、一軍のレギュラーに定着するのは、そのまたほんのひと握りの選手にすぎません。

つまり、憧れの職業に就くことは、もちろん簡単ではないのです。

これに関して、『Dr．スランプ』や『ドラゴンボール』で一世を風靡《ふうび》し、惜しくも2024年3月に若くして亡くなった漫画家・鳥山明さんのエピソードは、一つのヒントを私たちに与えてくれます。

鳥山さんは高校を卒業した1974年、絵を描く仕事に就きたいと思い、地元の広告関係のデザイン会社に就職しました。

しかし、与えられたのはレタリングの仕事で、2年半ほどで退職。その後、1年間はアルバイトでイラストの仕事を手掛けていました。

そんなある日、喫茶店で偶然手に取った『週刊少年マガジン』で、新人賞の作品募集の記事を見つけます。

鳥山さんは、入賞すると賞金50万円が手に入ることを知り、23歳にして初めて漫画を描き始めます。それが、彼が漫画家になったきっかけでした。

それからは、『週刊少年ジャンプ』でデビューをはたし、快進撃が始まることはご存知の通りです。

鳥山さんは、とにかく絵を描く仕事をしたい、という夢を手放しませんでした。デザイン会社でレタリングの仕事に明け暮れた毎日も、その後のアルバイトで描いたイラストの仕事も、のちに漫画家として花開くための準備期間だったと言ってもいいでしょう。

目標を決めたら、まず現状の仕事で成果を挙げる。今の仕事は自分磨きをするための道具です。のちに目的の仕事に就けたとき、それまでの仕事で得た経験や成果が必ず役に立ちます。

「天職」も同様です。「天職」にしろ「憧れの職業」にしろ、たいてい今の仕事の延長線上、あるいは分岐線上に存在するものです。そこに到達するには、理屈抜きに目の前の仕事に専念する以外に道はないのです。

このように、「天職」も「憧れの仕事」も、あなたから遠い場所にあるのではなく、あなたの足元に存在している可能性が高いのです。だからまず足元の今やるべきことに全力を出しきることが重要なのです。

アメリカの詩人ジェームズ・オッペンハイムの言葉を噛みしめてください。

「愚か者ははるか遠いところに幸福を探し求め、賢い者は足元で幸福を育てる」（「LIFE COMPASS ～人生を導く格言～」）

私たちは大谷選手がもともと才能をもっていたから、野球選手になれたと考えがちです。しかし、事実はそうではありません。

多くの子どもたちと同じように、彼にとっても野球は「憧れの職業」でした。その野球を、彼はひたすら来る日も来る日も、それこそ雨の日も風の日も続けました。この日々がなければ、彼本来の才能が開花することは決してなかったのです。

人生に訪れるチャンスは それほど多くない

私はこれまでに２０００を超える大谷選手の言葉を収集してきましたが、その中から後ろ向きのコメントを探し出すのはとても困難です。

次の言葉は、２０２１年のシーズン終盤に大谷選手（当時27歳）が語ったものです。この年は、打者としてはホームラン46本、１００打点、投手としては9勝2敗、１５６奪三振、そしてアメリカン・リーグのシーズン最優秀選手に満票で選ばれるなど、飛躍のシーズンになりました。

「今年、このまま順調にいけば、おそらくキャリアハイの数字は残ると思いますし、逆に言えば、それがこれからの自分の中の基準になるんじゃないですかね。それを

常に更新し続けていくことが目指す数字ということになっていくのかなと思います」
（『Ｎｕｍｂｅｒ』１０３５号・２０２１年９月24日〈文藝春秋〉）

20代で大きく飛躍するのは、大谷選手のように、現状に満足することなく、さらに上を目指してチャレンジを続けるタイプの人です。

ここで、少し私の20代について語りたいと思います。

私は京都大学工学部を卒業後、企業に就職しました。在職中の１９７６年に、第１回海外留学制度に応募して、企業派遣という形で、カリファルニア大学ロサンゼルス校（ＵＣＬＡ）の大学院に２年間留学しました。

今もそうですが、当時のＵＣＬＡは、アメリカンフットボール、バスケットボール、テニスなどで全米トップ10に常時入っている優れたスポーツ選手を輩出する一方で、ノーベル賞学者をすでに何人も出すなど、文武両道に優れた大学でした。

留学にあたっては、勤務先の企業から「留学を終えて３年以内に退職した場合、留学時に支給した報酬は全額返却しなければならない」という誓約書を書かされていました。私は、帰国後、ちょうど3年間勤めたあと、退職し、独立したのです。
ただし、私の場合、誓約書に記した「3年間」という期限を満了したから辞めたというよりも、独立する大きなチャンスが、そのとき、私の前に訪れたからです。

チャンスをつかむにはタイミングが重要です。タイミングを逃したら、次のチャンスは何年後になるか、あるいは永遠にやってこないかもしれません。
「後悔しない人生にしたい」、「何事も自分で決断できる仕事をしたい」という思いが、常に頭の中で渦巻いていた私は、それを可能にする独立のチャンス到来を見逃すわけにはいかなかったのです。

チャンスの女神には前髪しかありません。そして、女神は目の前を一瞬で通り過ぎるのです。

一生のうちに訪れるチャンスの数は、残念ながらそう多くありません。チャンスは一瞬にして一期一会。それをつかむか、つかまないかで、あなたの人生は大きく変わります。

だから、「そのとき」を逃さないために、普段からフットワークを軽くし、準備を怠らないことが何よりも大切になってきます。

サッカーのゲームでも同じです。

いつどんなボールが飛んで来ても、とっさに対応できるように準備していないと、せっかくのチャンスボールが来ても、そのボールを確実にゴールに蹴り込むことなど、誰にもできないのです。

「仕事は出世の道具」という人の超えられない限界

ミシガン大学の心理学者エイミー・ルゼスニュースキー博士は、仕事には3種類あるといいます。

①「義務」としての仕事
②「出世の道具」としての仕事
③「天職」としての仕事

「義務」としての仕事をする人は、職場に行きたいから行くのではなく、行かなければならないから行くというスタンスです。「金銭報酬と引き換えに自分の時間を与えるのが仕事」と割り切っていて、与えられた職務は粛々とこなすのですが、仕事そのものに幸福を感じることは少なくなります。

一方、仕事を「出世の道具」と考えている人は、他の誰よりも金銭、名誉、そして権力を獲得することを人生の目標にしています。物欲の達成によって成功を定義し、他人からの賞賛を受けることに快感を抱きます。多くの場合、成功者と呼ばれるのは、このタイプの人間です。

そして「天職」の仕事をする人は、それに没頭していることが楽しくて仕方がないタイプです。ときにはそれが「出世の道具」とダブることもありますが、結果的に金銭や名誉を得ても、それは究極の目的ではありません。もちろん、大谷選手はこの「天職」のカテゴリーに属する人間です。

「僕にとっては、好きなことを仕事にしている楽しさが一番です。だから、自分が意識高く野球に取り組んでいるとはあまり思っていません。でも、取り組んでいる時間、考えている時間をなるべく長くしたいと思っています。ほかの人が１日24時間のうち

どれぐらいを野球と向き合えているかは分からないのですが、それに負けないように自分自身がやりたいことに向けられる時間を長く取るようにしています」（「セールスフォース」）

「好きなこと」に対するモチベーションは何よりも強烈で、持続性も最高レベルです。好きな野球に、桁違いの向上心で取り組んだことが、大谷選手を偉大なメジャーリーガーに育てたことは論を俟《ま》たないでしょう。

もう一つ、仕事へのモチベーションとしてぜひ覚えておいてほしいのが、人や社会に貢献したいという欲求です。

自己啓発における世界的権威のアンソニー・ロビンズはこう語っています。

「力《パワー》というものは、世の中に貢献したいという思いの強さに正比例して、与えられる」

（『自分を超える法』ピーター・セージ／著、駒場美紀・相馬一進／訳〈ダイヤモンド社〉）

大谷選手が全国の小学校にグローブを寄贈したことは記憶に新しいところです。大好きな野球を通じて、社会に役立ちたい――。大谷選手は「誰かのために」を優先し、そのために行動を起こすことを躊躇《ちゅうちょ》しません。

大谷選手はこうも語っています。

「野球が好きで、うまくなりたい一心でやっているのが野球少年なら、僕は昔からそういうところは変わりません」（『不可能を可能にする　大谷翔平１２０の思考』大谷翔平〈ぴあ〉）

「永遠の野球少年」の進化には、これからも目が離せそうにありません。

最後は「楽しいか、楽しくないか」で決める

２０１８年9月2日、大谷選手はアストロズとの一戦で88日ぶりに故障から復帰し、投手で先発しました。しかし、打球を右手に当ててしまい、3回途中で降板。その3日後、エンゼルス球団は、大谷選手が医師からトミー・ジョン手術を受けるよう勧められていることを発表します。

このとき、大谷選手は手術を受けるべきかどうか、きわめて重要な決断を迫られることになりました。彼は当時の心境をこう語っています。

「(9月2日に)復帰することになったとき、本当にこれでいいのか、このまま投げていくことが楽しいのかどうかを最終的に確認したかった。バッターを抑えられるかどうかもそうでしたけど、この状態で投げていて、自分の中に楽しいイメージが湧く

かどうか……それは打球が右手にあたったことは関係ありません。試合前から違和感はありましたし、それは普通なら試合で投げられる程度のものでした。その原因が靱帯にあるなら、そういうピッチングが楽しいのか。（中略）あの試合投げていてそういうイメージしか湧かなくなって、これは楽しくないなと思ったんです」（『Number』963号・2018年10月25日〈文藝春秋〉）

最終的に、大谷選手はトミー・ジョン手術を受ける決断をするのですが、彼がそのときの判断の基準にしたのは、「楽しいか、楽しくないか」でした。

大谷選手は、基本的に「楽しい」よりも「正しい」を優先するタイプですが、より正確には、まず「正しい」ものを選び、その中から「楽しい」ものを選ぶのが大谷流なのです。

では、どうやって「正しい」選択をするのか。

アメリカの心理学者リリアン・ディンクレッジ博士は、「好ましい意思決定の手順」を次のように解説しています。

①何を決定するかをはっきりさせる

②そのことに関する必要な情報を集める

③選択肢を挙げる

④選択基準（自分の価値観）をいくつか挙げてみて、その重要度を評価する

⑤④に基づいて選択肢の中から一つだけ選んで行動する

⑥得られた結果について検討を加える

もちろん、意思決定をしたら終わりではありません。次に、それを行動に移し、最後までやり抜く実行力が必要です。左ページに、アメリカのペンシルベニア大学心理学教授のアンジェラ・ダックワース博士が作成した「『やり抜く力』をはかるグリット・スケール」を挙げておきます（図表３－１）。

10項目の質問に答えてグリット・スコアを割り出し、あなたの「やり抜く力」のレベルを評価してみてください。

図表3-1「やり抜く力」をはかるグリット・スケール

		まったく当てはまらない	あまり当てはまらない	いくらか当てはまる	かなり当てはまる	非常に当てはまる
1	新しいアイデアやプロジェクトが出てくると、ついそちらに気を取られてしまう。	5	4	3	2	1
2	私は挫折をしてもめげない。簡単にはあきらめない。	1	2	3	4	5
3	目標を設定しても、すぐべつの目標に乗り換えることが多い。	5	4	3	2	1
4	私は努力家だ。	1	2	3	4	5
5	達成まで何カ月もかかることに、ずっと集中して取り組むことがなかなかできない。	5	4	3	2	1
6	いちど始めたことは、必ずやり遂げる。	1	2	3	4	5
7	興味の対象が毎年のように変わる。	5	4	3	2	1
8	私は勤勉だ。絶対にあきらめない。	1	2	3	4	5
9	アイデアやプロジェクトに夢中になっても、すぐに興味を失ってしまったことがある。	5	4	3	2	1
10	重要な課題を克服するために、挫折を乗り越えた経験がある。	1	2	3	4	5

当てはまる箇所の数字に◯をつけていき、合計して10で割った数値があなたのグリット・スコアとなります。
※スコアの指標は96ページに掲載してあります。
引用／『やり抜く力――人生のあらゆる成功を決める「究極の能力」を身につける』アンジェラ・ダックワース／著、神崎朗子／訳〈ダイヤモンド社〉

ドーパミンには「善玉」と「悪玉」がある!?

大谷選手の二刀流については、かつては「無謀な挑戦だ」「投打のいずれかに専念すべきだ」といった否定的な意見が多々ありました。

こうした声に対し、大谷選手は次のように語っています。

「二刀流に限らず、いろんな人に『できない』と言われた方が、できた時の評価が上がりますよね。不可能だと思われていればいるほど、それを成功させたら自分に返ってくる達成感は大きくなります。僕はそれで『やってやろう』というチャレンジ精神が出てくるタイプです」（「セールスフォース」）

大谷選手は、「できない」と言われるほど燃えるタイプです。投打のいずれかがスランプに陥っても、気持ちがブレることはありませんでした。高校時代から貫いている、「二刀流という生き方」を変えるつもりはなかったのです。

精神科医の樺沢《かばさわ》紫苑《しおん》さんは、著作の中でこう記しています。

「幸せになるのに、あなたの人生を変える必要などないのです。『幸せ収集能力』を高めることさえできれば、今までと同じ毎日を過ごしても、『楽しい』出来事の収量が増えて、感じ方も鋭敏になってくる。『苦しい』出来事はスルーできるようになって、日々ストレスも減っていく」（『精神科医が見つけた　３つの幸福　最新科学から最高の人生をつくる方法』樺沢紫苑〈飛鳥新社〉）

毎日、楽しいことばかり、などという人生は存在しません。ただし、人生のどこに注目するかで感じ方はガラッと変わってきます。ネガティブな出来事に過剰反応する人は不幸感が増大し、ポジティブな出来事に注目して過ごす人は、どんどん幸福感が高まっていくのです。

「主観的幸福感を決定する要因の重要度」、つまり、人は何で幸福感を得られるかを調べたある調査によると、「お金」が幸福に寄与する度合いは意外に低く、下から2番目でした（図表3－2）。なぜこんなに評価が低いのでしょうか。

お金や肩書、名誉を獲得したときに脳内で発生するドーパミン（幸せホルモン）を、私は「悪玉ドーパミン」と名付けています（図表3－3）。このドーパミンによって得られる幸福感は長続きしません。すぐに「もっとほしい」「これでは足りない」となって、いつまでたっても満足できないのです。

一方、目の前の好きなこと、得意なことに没頭したときに発生するのが「善玉ドーパミン」です。「悪玉ドーパミン」との決定的な違いは、幸福感が長続きするという点にあります。

よく大谷選手はお金に執着がないと言われます。それはなぜかというと、本当の幸福をもたらしてくれるのは「善玉ドーパミン」であることを知っているからだと、私は思っています。

図表3-2 主観的幸福感を決定する要因の重要度

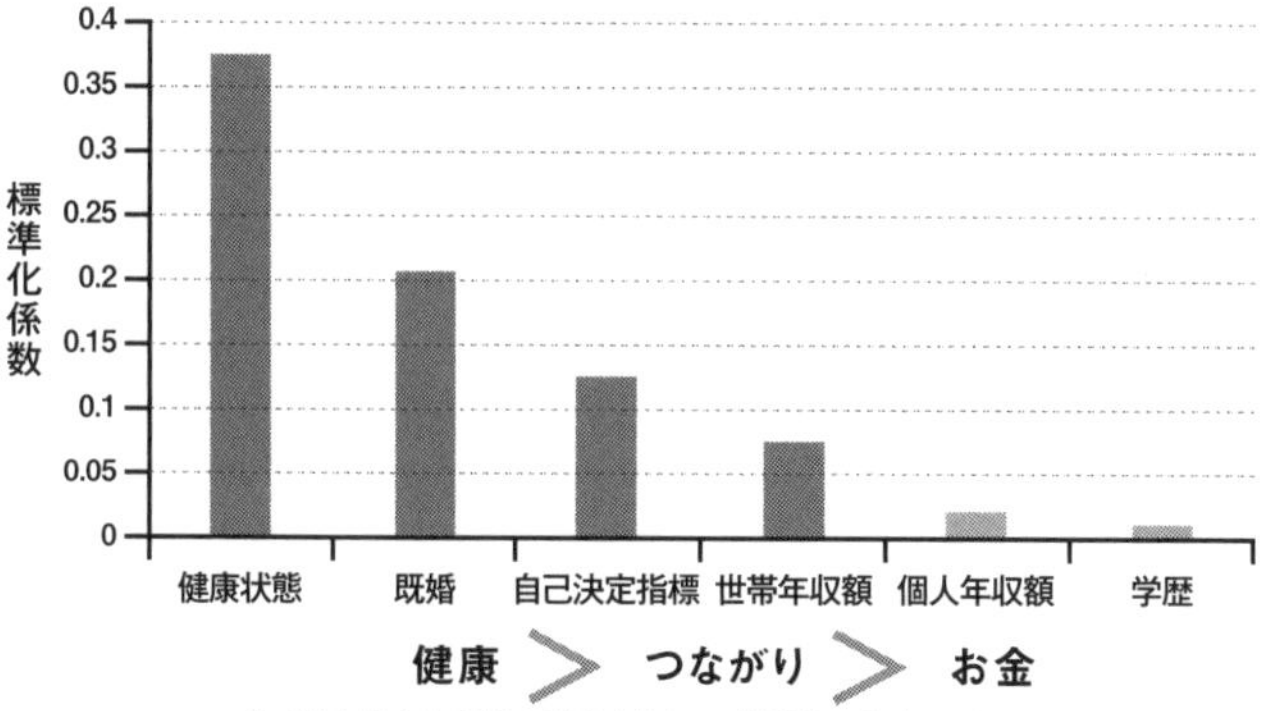

注:学歴、個人年収額は説明変数として統計的に有意ではない。
「幸福感と自己決定-日本における実証研究」西村和雄、八木匡

図表3-3 幸福の掛け算

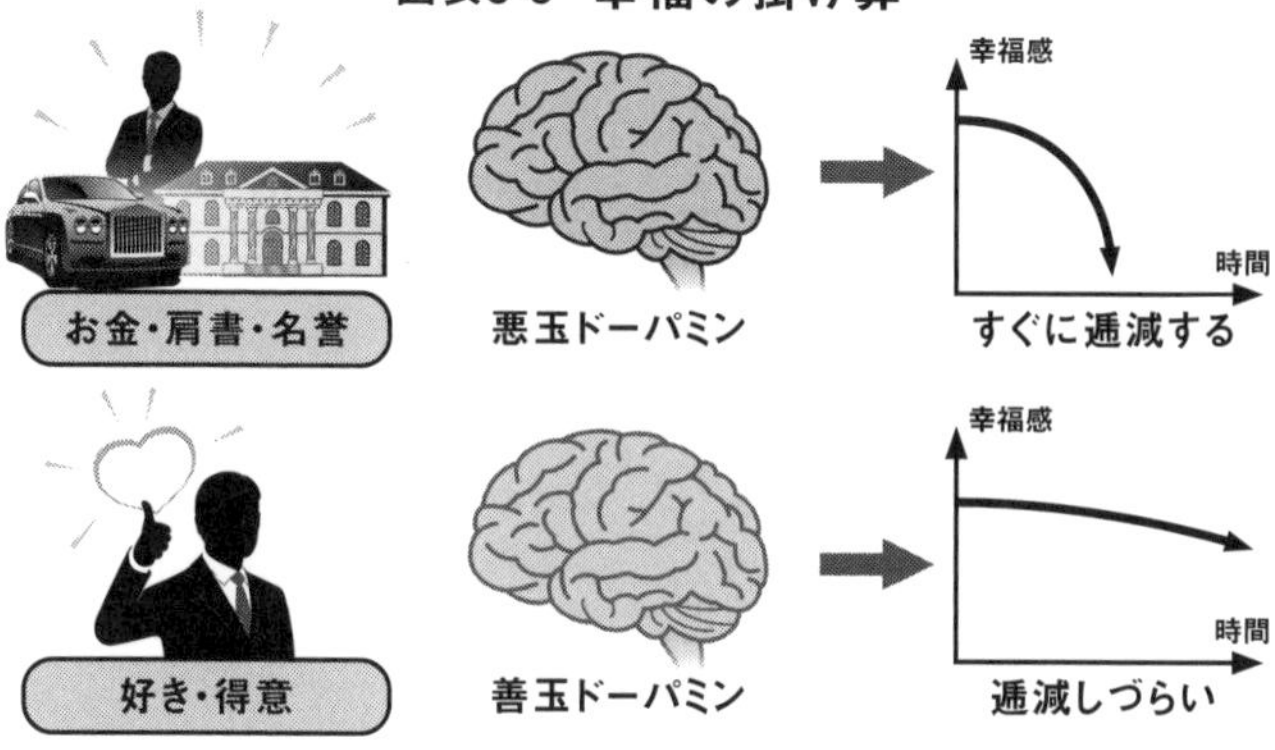

※2点ともに参考のうえ改変／『精神科医が見つけた3つの幸福 最新科学から最高の人生をつくる方法』樺沢紫苑〈飛鳥新社〉

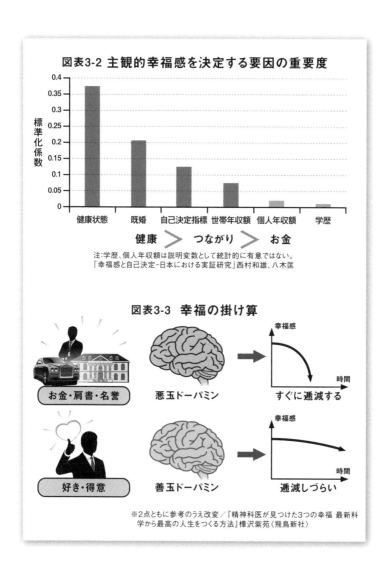

大谷選手が「お金」に無頓着な理由

２０２３年12月、大谷選手はドジャースと「10年、総額７億ドル（約１０５０億円。以下、日本円は１ドル＝１５０円で換算）」というスポーツ界最大の巨額契約を交わしました。ただし、年俸７０００万ドル（約１０５億円）のうち、６８００万ドル（約１０２億円）の支払いは先送りとなり、２０２４年から33年までの10シーズンに支払われる年俸は毎年２００万ドル（約３億円）。残りの６億８０００万ドル（約１０２０億円）は10年契約が終了後の２０３４年から43年の間に分割で支払われるというものでした。

その多くが後払いとはいえ、日本のサラリーマンの生涯賃金（生涯年収）がおよそ２億円ですから、まさに桁違いの高収入と言えます。

２０２４年の春、大谷選手がハワイ島の高級リゾート地に26億円の別荘を、ロサンゼルス近郊に12億円の自宅をそれぞれ購入したことがニュースになりましたが、大谷選手の懐具合からすれば、妥当な買い物といえるのではないでしょうか。

そもそも、大谷選手は驚くほどお金には無頓着です。

日本ハム時代の大谷選手はこう語っています。

「僕は物欲がないんです。大きな買い物は、表彰式やイベントで着用するためのスーツを買ったくらい」（「ＳｍａｒｔＦＬＡＳＨ」２０２２年12月30日）

ポンポンと何十億の不動産を買ってしまうところにも、私は大谷選手の金銭へのこだわりのなさを感じます。必要な買い物はしますが、物への執着がないのです。

前の項目でも書きましたが、お金があることと幸福は必ずしも一致しません。相反していることもめずらしくないのです。

たとえば、資産100億円の投資家は、社会的に見て成功者であることは間違いありません。

しかし、この人が投資に失敗して50億円の損失を出したとしたら、どうでしょうか。相変わらず大金持ちであることに変わりないですが、心の中は後悔と憤懣《ふんまん》で満ち溢れます。少なくともこの投資家は裕福ではあるが、幸福ではないのです。

逆に、50億円の儲けが出たら、今度は100億円ほしくなります。それが実現できないと、やはり不幸感に覆い尽くされるのです。

同様に、肩書に執着する人は、もっと魅力的な肩書がほしくなります。たとえ社長という頂点にまで上り詰めても、今度はその肩書きに長期間居座りたくなります。どこまでいってもキリがない。すべての人間がそうだとは言いませんが、人間の抱く欲望は際限がないのです。

つまり、お金や肩書によって幸せを得ようとする限り、その人はいつまでたっても満たされることはありません。お金や肩書きにゴールはないのです。

大谷選手の場合、金銭だけでなく、タイトル獲得や記録への執着もあまり感じられません。それでは彼が一番大事にしていることは何でしょう。

「どれぐらい試合に出られるか、どれぐらい打席に立てるか、どれぐらい登板できるか、というのが一番かなと思います。あとはやれることをやって、残った数字でシーズンが終わった後によかった、悪かったっていうのを自分で振り返ればいいのかなと思っているので。一番は、健康でシーズンを通して出続けること」（『大谷翔平語録』斎藤庸裕〈宝島社〉）

彼にとっては、心身を万全に整えて、実際にフィールドでバットを振ったり、マウンドからボールを投げたりすることがすべてなのです。

ただ野球というスポーツを全力で楽しみたい。

大谷選手の場合、このシンプルなモチベーションが極めて強力です。これにかなうものはないのです。

「仕事の内容」と「やる気」は正比例する

引き続き、お金と仕事について考えてみましょう。

アメリカの著名な臨床心理学者フレッド・ハーズバーグ博士は、経営学誌『ハーバード・ビジネス・レビュー』で**「お金はモチベーションにならない」**と結論づけています。さらに、「お金はせいぜい良くて仕事が嫌いになるのを妨げるくらいのものでしかない」とまで書いています。

リーダーシップ論の権威であるダグラス・マグレガー博士も、お金に代表されるような**「外側の動機づけで社員の勤務態度を向上させることはできない」**と論文に記しています。

お金のような外的要因は、「アメとムチ」のように、人を強制的に働かせることはできても、仕事の質そのものを上げることはできません。給料を2割上げたからといって、社員がそのぶん、以前よりも真剣に仕事に取り組むようになるわけではないということです。

では、社員のモチベーションを上げて質の高い仕事をしてもらうにはどうすればよいでしょうか。ハーズバーグ博士は、経営者に対してこうアドバイスしています。

「従業員にいい仕事をしてほしいなら、いい仕事を与えなさい」

つまり、モチベーションアップには、どんな仕事を与えるか、その内容が重要というわけです。

コロンビア大学哲学部教授のジョシュア・ハルバースタム氏も同様の考えを示しています。

「仕事の内容だけが、内なるやる気を呼び覚ます」（『仕事と幸福、そして人生について』ジョシュア・ハルバースタム／著、桜田直美／訳〈ディスカヴァー・トゥエンティワン〉）

では、どんな内容の仕事が社員のモチベーションを上げるのでしょうか。キャリアカウンセラーの戸田智弘さんは、「仕事」と「労働」を比較して、次のように書いています。

「労働と仕事の違いって何だろうか？　私はこう考える。働くことがお金を稼ぐ手段にすぎないとき、それは労働だ。こういう場合、働く時間はできるだけ短いほうがよい。（中略）働くことがお金を稼ぐ手段だけでないとき、働くこととそのものの中に喜びや生きがいや自分の人生の目的をこめられるとき、それは仕事だ」（『続・働く理由――99の至言に学ぶジンセイ論。』戸田智弘〈ディスカヴァー・トゥエンティワン〉）

要するに、大谷選手にとっての野球のように、「喜びや生きがいや自分の人生の目的をこめられる」仕事が、社員のモチベーションを上げる「いい仕事」ということになります。

来たボールをただ無心で打ち返す。
投げる一球に全力を込める。
結果的に仕事に見合うだけの報酬を得る――。
これが大谷選手の「仕事の流儀」なのです。

アメリカ人の成人のグリット・スコア

パーセンタイル値	グリット・スコア
10%	2.5
20%	3.0
30%	3.3
40%	3.5
50%	3.8
60%	3.9
70%	4.1
80%	4.3
90%	4.5
95%	4.7
99%	4.9

たとえば、83ページのあなたのスコアが4.1ならば、標本であるアメリカ人の成人の70%より「やり抜く力」が強いことになる。

引用／『やり抜く力——人生のあらゆる成功を決める「究極の能力」を身につける』アンジェラ・ダックワース／著、神崎朗子／訳〈ダイヤモンド社〉

第4章

スキルをアップさせるのに理屈はいらない！

「ポジティビティ・スキル」で逆境を乗り越えろ！

大谷選手にとって、二刀流として大リーグで活躍することは、子どもの頃から追い続けてきた夢でした。

その夢への抱負を、彼はこう語っています。

「自分がどこまでできるのか。人間としても、どこまで成長できるのか楽しみです。二刀流を叶えたとき、そこには大きな価値があると思う。自分が成功すれば、同じように二刀流に挑戦する選手が続くと思いますし、いろんな可能性が広がるはずです。今はとにかく頑張って、新たな道をつくれるような選手になりたいと思っています」

（『道ひらく、海わたる　大谷翔平の素顔』佐々木亨〈扶桑社〉）

大谷選手のすごいところは、「自らの行動を通して夢をつかみにいく」というポジティビティ（積極性）を一貫して維持してきたことです。

『幸福論』を著したフランスの哲学者アランの言葉があります。

「人はだれでも、自分の欲しいものを手に入れるのだ。若い人たちはこのことについて、誤った理解をしている。彼らは、天の恵みがあることを祈って待つことしか知らないのである。ところが、天の恵みは空から降ってこない。望んでいることはすべて、人を待っている山と同じである。そこにじっと存在していて、いやでも目に入る。しかし、自らよじ登っていかなければならないのだ」

夢は、最初は遥か遠くにあります。待っていても、夢のほうから近づいてきてはくれません。そこで、夢を自らつかみにいく積極性が問われるのです。

ニューヨーク州立大学のリチャード・フェルソン博士は、高校に入学したばかりの２２１３名の１年生を対象に、彼らが卒業するまでの３年間の学業成績の推移を追跡調査しました。

その結果、どのようなタイプの生徒が成績を伸ばしたかというと、「肯定的な自己評価をしている生徒ほど成績を有意に伸ばせている」ことが判明したのです。

自己評価の高い人は、大好きな自分のための努力を惜しみません。途中に山あり谷ありでも、自分の力を信じて持ち前のポジティビティを発揮して乗り越えていくことができます。

いうまでもなく、大谷選手が自己肯定感の強い、稀有なポジティビティの持ち主であることは明らかです。

若いあなたが大きな夢に向かってチャレンジするためには、ポジティビティに満ち溢れた心理状態が求められます。

いざ、夢に向かって一歩踏み出してみると、すぐに現実の壁が立ちはだかって、当初のワクワク感など、あっという間に消し飛んでしまいます。

大きな夢であればあるほど、途中に紆余曲折の苦労を味わい、辛酸をなめる時期が待ち受けていることを、あなたは知っておく必要があります。

だからポジティビティがものをいうのです。

ポジティビティに溢れている人は、逆境にあっても、自分は必ず乗り越えられると信じているので、ひるまずにチャレンジし続けることができます。

ポジティビティは逆境を乗り越えるためのスキルの一種です。逆境にあってこそ、あなたのポジティビティ・スキルが試されるのです。

夢の実現力を高める「視覚化」の威力

この惑星に生を受けた人のほとんどは、自分が若い頃に思い描いた夢を叶えることなく、この世を去っていきます。

多くの自己啓発書でベストセラーを出している韓国の作家イ・ジソンは自著でこう記しています。

「絶対に成功してやるという誓いを立てたとしても、実際に成功するわけではない。また単に一生懸命働いたとしても、成功するわけではない。成功するためには、特別な内側の力が必要だ。黙って座っていても成功が自分から転がり込んでくる、強力なエネルギーが必要なのだ」（『あなたにそっと教える 夢をかなえる公式』イ・ジソン／著、吉川南／訳〈サンマーク出版〉）

強く望んだから夢が叶う、頑張ったら夢が叶う――。

現実はそんなに単純でも甘くもありません。

スポーツ心理学において、昨今、注目を集めているのが「視覚化」というテーマです。視覚化とは、たとえば逆転サヨナラホームランを打ったときの自分を、できるだけリアルにイメージする、要するにビジュアル化する訓練をすることで、選手のパフォーマンスを高める手法です。

私が13年間教鞭をとった鹿児島県の鹿屋《かのや》体育大学においても、視覚化の応用として、「うまくいった勝利のシーン」を編集したビデオを見てから本番の試合に臨むというルーティンを、多くの競技種目の選手が行っていました。

単に「絶対に成功してやるという誓い」を立てるだけではパワーが弱すぎます。さらに、成功した自分をできるだけリアルに脳裏に描く視覚化の作業をすることで新たなパワーが加わるのです。

大谷選手は18歳になる前に、18歳から70歳までの、1年ごとの夢の達成計画をまとめた「人生設計シート」（図表4－1）を作成しています。

大谷選手は「人生設計シート」を書きながら、夢を達成したときの自分の姿をありありと脳裏に描いていたに違いありません。この「人生設計シート」のように、達成目標を言葉にして書き起こす作業は、視覚化の重要な手法の一つです。

普通の人は、「実際に見なければ信じられない」と考えています。一方、大谷選手のようなトップアスリートは、「未来のなりたい自分」を「見る前に信じている」のです。

今すぐスケジュール帳にあなたの「未来のなりたい自分」を1年ごとに1行で表現しましょう。暇さえあれば、それを見ながら、「未来のなりたい自分」をできるだけ鮮明に脳裏に描く習慣を身につけましょう。それが「未来のなりたい自分」に高い確率で会わせてくれる切り札になるのです。

図表4-1 大谷翔平の「人生設計シート」と「現実の出来事」

人生設計シート		現実の出来事
メジャー入団	18歳	ドラフト1位で日本ハムに入団
3A昇格 英語マスター	19歳	史上初の二刀流選手
メジャー昇格 15億円	20歳	11勝&10HRでNPB初の 2桁勝利&2桁本塁打
ローテーション入り	21歳	
サイ・ヤング賞	22歳	リーグ優勝&日本一 MVPとベストナインW受賞
WBC日本代表	23歳	オフにポスティングで エンゼルスに移籍
ノーヒットノーラン 25勝達成	24歳	日本人4人目の新人王
世界最速175キロ	25歳	2年連続2桁本塁打 左膝蓋(しつがい)骨の手術
ワールドシリーズ制覇 結婚	26歳	右屈曲回内筋群の損傷
WBC日本代表 MVP	27歳	9勝&46本塁打で ア・リーグMVP
男の子誕生	28歳	ベーブ・ルース以来の 2桁勝利&2桁本塁打達成
ノーヒットノーラン 2度目の達成	29歳	結婚 WBC世界一&MVP 2度目のリーグMVP ドジャース移籍

日本人最多勝利	30歳
女の子誕生	31歳
WS 2度目の制覇	32歳
次男誕生	33歳
WS 3度目の制覇	34歳
WBC日本代表	35歳
奪三振数記録達成	36歳
長男、野球を始める	37歳
結果が出ず引退を考えはじめる	38歳
来年での引退を決意	39歳
引退試合 ノーヒットノーラン	40歳

日本に帰ってくる	41歳
日本に米国のシステムを導入 プロ野球から引退	42~57歳
岩手に帰ってくる	58歳
リトルリーグの監督になる	59歳
ハワイ旅行	60歳
リトルリーグで日本一になる	61歳
3年間岩手野球向上のため、 野球を考える	62~64歳
メジャー年金3000万円	65歳
世界旅行	66~69歳
毎日スポーツを続けて 元気で明るい生活	70歳

引用／「スポニチアネックス」　2024年3月1日

「視覚化」の応用——自分の「課題」を書き出す

スポーツの現場からは、先に紹介した「視覚化」の具体例が数多く報告されています。一例を挙げると、韓国ソウル大学のスポーツ心理研究センターの首席研究員が、アーチェリーのオリンピック選手団のために制作した7分2秒の動画は以下のような内容で構成されています。

①選手たちが競技場に向かう際に乗るバスの内部や、移動中の窓外の風景が出てくる。バスが競技場に到着したあと、競技場の全景や内部の練習室、選手のロッカールームが映し出される。

②選手が競技場を歩く様子が出てきて、「リラックスしていこう！」というかけ声が聞こえてくる。

③競技場をいっぱいに埋めた観客が映り、歓声と拍手が聞こえてくる。
④射線に立った選手が自信満々の表情で弓を引く姿が映し出される。
⑤弓から次々に放たれた12本の矢が、すべて的の中央を完璧に貫く場面が映し出される。

この動画の効果は絶大で、韓国アーチェリーの女子団体は、１９８８年のソウル五輪から２０２４年のパリ五輪まで10連覇を達成するなど、圧倒的な強さを見せています。こうしたことから、「韓国の女子アーチェリーの代表選手になることのほうが、オリンピックで金メダルを獲得するよりも難しい」といった冗談とも本当ともつかない噂が流れることになったのです。

20世紀初頭に世界最大の大富豪とされたアメリカの鉄鋼王アンドリュー・カーネギーの「希望達成のための５つの原則」は、これまで多くの成功者が実践してきた成功方程式です。

①望みの金額をはっきりと決める
②その金を手に入れるために何をすべきかを決める
③その金が自分の手に入る日をはっきりと決める
④その金を稼ぐ詳細な計画を立て、ただちに行動に移す
⑤前の４つの原則を紙に書いて、毎日２度ずつ、朝起きたときと夜寝る前に大きな声で読み上げる

（『あなたにそっと教える　夢をかなえる公式』イ・ジソン／著、吉川南／訳〈サンマーク出版〉）

この古典的なカーネギーの成功方程式も、目標・計画を極力リアルに具体的に描いて、それを書き起こすことを主眼にしている点では、視覚化と同等の効果を有しています。

大谷選手がこの方程式を知っていたかどうかはわかりませんが、彼もことあるごとにひらめいたことをメモという形に残し、それを時間の空きを見つけてはフィードバックして読み返す習慣を身につけています。

「自分の課題を書き留めたりするか？」という質問に、大谷選手はこう言っています。

「もちろん書いています。一日一日にiPadに『これは良かった・悪かった』『明日はこうしてみよう』というのを日記のようにつけていて、どんどんためていく感じですね。シーズンの中で、調子のいいとき・悪いときはあるので、調子のいいときはこういう感覚でやっていた、悪かったときはこうだな、というのを擦り合わせていくと、答えが見えてきたりするので」（「デサントジャパン　大谷翔平インタビュー」２０２０年３月31日）

壮大な夢を叶えるためには、日々の良かったこと、悪かったこと、そのとき感じたこと、考えたことなどを、小さなことも含めて、できるだけ忠実にメモして形に残すようにしてください。

視覚化という脳が保持している素晴らしい能力を駆使して、あなたの夢に一歩一歩近づいていきましょう。

これが大きな夢を叶える人の共通点

大谷選手は、「小学生のときにすでにメジャーリーガーになっていた」と、私はまじめに考えています。

どういう意味でしょうか。

その話をする前に、『ジョーズ』や『ジュラシック・パーク』シリーズなどで知られる映画界の巨匠、スティーヴン・スピルバーグ監督の若かりし頃のエピソードを紹介しましょう。

１９６７年の夏、当時まだカリフォルニア州立大学ロングビーチ校の学生だったスピルバーグは大胆な行動に出ます。どうしても映画監督になりたくて、ユニバーサル・

スタジオに見学ツアーで入り込み、そこで出会った重役の好意で、アシスタントとしてスタジオに通うことに成功します。

そして、ある映画祭で『アンブリン』という26分の短編映画が、ユニバーサル・スタジオの副所長シドニー・シャインバーグの目に留まり、その出来映えに驚嘆したシャインバーグはスピルバーグに、「大学に残りたいか。それとも監督になりたいか」と問いかけます。

スピルバーグが映画監督になると即答したことは言うまでもありません。

こうしてスピルバーグはユニバーサルと7年契約を結ぶことに成功したのです。

私は、たとえ、この作戦が失敗に終わっていたとしても、スピルバーグは映画監督になっていたと思っています。

なぜならこの無類の映画好きの青年は、夢が叶う前から、映画監督になっている自分を脳内で鮮明に思い描いていたからです。

後年、スピルバーグは子どもの頃を振り返ってこう語っています。

「わたしは12歳のころ、映画監督になると決心しました。ただ希望しただけではありませんん。わたしはこの夢をはっきりと描きました。そして実際に映画監督になることができました」（『あなたにそっと教える 夢をかなえる公式』イ・ジソン／著、吉川南／訳〈サンマーク出版〉）

このスピルバーグと同様の意味で、小学生の頃からメジャーリーガーになることを夢見て、そのイメージを強く「視覚化」してきた大谷選手も、すでに脳内で「メジャーリーガーになっていた」のです。

あなたが見るべき夢は、自分が憧れの職業で大きな成果を挙げる夢ではなく、まず、その職業に就く夢です。

成果は、その職業に就いてから具体的な目標を設定し、それに向かって行動を起こせばついてくるのです。

スピルバーグのようにまず映画監督になること、大谷選手のようにまずプロの野球選手になることが先決です。

実は、脳には「鮮明に思い描かれたイメージと実際の出来事との区別がつかない」という誤作動を起こす特性があります。

まず自分が就きたい仕事を決めて、その仕事に没頭している自分のリアルなイメージを脳裏に強く焼き付け、脳をその気にさせましょう。

これを頻繁に繰り返し、その仕事に就くために必要な行動を続ければ、いっきに夢を引き寄せることができるのです。

スキルの向上に集中すると仕事がどんどん面白くなる

今の仕事はあなたが選んだものではなく、上から与えられたものかもしれません。しかも、その内容は、朝から夕方まで、日々同じ内容の面白くないルーティンワークの繰り返し、という人もめずらしくないでしょう。

だからといって、「仕事がつまらない」と決めつけるのは早計です。大谷選手にしても、バッターボックスでバットを振ったり、マウンドからボールを投げたりする、その作業だけをとってみたら、いつもと同じルーティンワークです。本番の試合よりも何倍も多い練習時間は、そんな単純作業の繰り返しで埋めつくされています。

なぜ大谷選手はそんな単純作業にのめり込み、生き生きと続けることができるのでしょうか。その最大の理由の一つは、彼のような一流アスリートは、進化欲求が並外れて強いからです。

仕事の内容が面白いとかつまらないとかではなく、彼らの関心事は、仕事のスキルを向上させることに絞り込まれているのです。だから集中するし、苦にならないのです。

「野球を始めたときも、一流のピッチャーになるんだとか、一流のバッターになるんだとか思っていたわけじゃない。いいバッティングをしたい、いいピッチングをしたい。それをいつも望んでいました」（『大谷翔平「二刀流」の軌跡』小林信也〈マガジンランド〉）

仕事の内容が面白いか面白くないか、好きか嫌いかで今の仕事を評価しているうちは到底一流にはなれません。

目の前の仕事の井戸を深く掘り進んでいくと、必ず新しい発見があります。こうした発見を続けていくうちに、スキルが自然にアップし、どんどん仕事が好きに、面白くなっていくのです。これは、大谷選手のような一流の人たちが、日々、普通に行っていることです。

私は「夢を迎えにゆく」という言葉が大好きです。先に述べたように、夢というのは向こうからやってくるのではなく、どこかにじっとしているのです。

だから自らの足で動いてその夢をつかまえにゆくという行動を伴わない限り、夢を手にすることは不可能なのです。

左ページの「好奇心アクションリスト」（図表４－２）であなたの好奇心レベルをチェックしてください。

そして、この中で×印を付けたアクションを意識的に行うようにしてください。好奇心の芽が育ち、夢に向かっての一歩がスタートします。

脳内のナビをオンにして、あなたの夢が眠っている場所に歩を進めましょう。

図表4-2 好奇心アクションリスト

以下の質問に「はい」なら○、「いいえ」なら×を(　)の中に記入してください。

1.(　)	最新の科学的発見や技術に関するニュースに目を通すことが多い
2.(　)	今まで観たことがない映画を観ることが多い
3.(　)	英語以外の外国語を学びたいと思ったことがある
4.(　)	人生の目標や価値観について考えることが多い
5.(　)	レストランで今まで食べたことのないメニューを注文することが多い
6.(　)	普段聴いたことのないジャンルのコンサートに行くことが多い
7.(　)	行ったことのない博物館や美術館に足を運ぶことが多い
8.(　)	会いたい人について空想することが多い
9.(　)	経験したことのない活動にチャレンジすることが多い
10.(　)	朝起きたら、その日どこで何をするかについて考えることが多い
11.(　)	わからないことがあったら、すぐにネットで検索する
12.(　)	新しいジャンルの本を読むことが多い
13.(　)	今まで行ったことのないスポットを訪れることが多い
14.(　)	行ったことのないイベントに参加することが多い
15.(　)	美しい自然を見つけたら写真を撮ることが多い
16.(　)	新しいジャンルに関する講演会に参加することが多い
17.(　)	最近体験した新しいことを友だちや家族に話すことが多い
18.(　)	行ってみたい場所について空想することが多い
19.(　)	毎日日記を書く習慣を身につけている
20.(　)	美しい自然や美術品を見たら、そのことを家族や友だちに話すことが多い

※126ページに○の数に対する判定を掲載しています。

可能性がいっきに広がる夢の設定の仕方とは？

実は、夢を確実に叶える秘訣があります。

それは、夢に到達するまで行動をやめないことです。

ここであなたはこんな疑問をもつかもしれません。「叶うかどうかの保証がない夢に貴重な時間をかけることは、あまりにもリスクが大き過ぎるのではないか？」

確かに、その考え方も一理あるでしょう。しかし、たとえ夢が叶わなかったとしても、途中で諦めたとしても、それですべてがゼロになるわけでも、マイナスになるわけでもありません。

夢に向かって果敢にチャレンジし、そのための行動を続けることには、夢を実現するのと同じくらい意義があります。チャレンジすること自体が尊いことなのです。

「本当は練習したくないです。そりゃ、それで打てるならそうですよ。毎日、（携帯）ゲームだけして、試合に行ったら打てるというなら、それでいいじゃないですか。それがおもしろいかもしれないし、それじゃ、おもしろくないかもしれない。そんなふうになったことないのでわからないし、僕はやらないと打てないので、練習、やりますけどね（笑）」（『野球翔年Ⅱ　ＭＬＢ編２０１８－２０２４大谷翔平　ロングインタビュー』石田雄太〈文藝春秋〉）

「挑戦してみよう」というマインドを持ち続けることはとても大事です。結果がどうであれ、それだけで充実感に包まれるからです。

ただし、ここで気をつけたいのは、一つの夢に固執しすぎて、将来の可能性の幅を狭めてはいけないということです。

たとえば、「将来は大学の教授になる。それ以外は認めない」と決め込まないこと。それよりも、「将来は何か人に教える仕事がしたい」と考えたほうが、可能性の幅が広がるし、自分の適性も発見しやすくなります。結果、キャリアの成功につながる可能性が高まるのです。

若い人はとくに、自分が置かれている現状をきちんと把握して、偶然に訪れるチャンスの領域を広げてみてはどうでしょうか。

たとえば、あなたが釣りをするときに、釣果をマグロだけに絞った場合、釣れる日はごくごく限られてしまいます。そうではなく、さまざまなエサをつけた数多くの釣り糸を垂れ、数多くの種類の魚がエサに食いつくのを待つほうが釣りの成果はぐんと高まります。もちろん、マグロが釣れることだってあるでしょう。

左ページに「人生を幸せにする12の質問」（図表4－3）を示します。夢に向かって行動を続けるのと同時に、これらの日常習慣を磨き上げることで、幸福感は着実に高まります。12の質問にすべて「はい」と答えられることを目指しましょう。

図表4-3 人生を幸せにする12の質問

「はい」か「いいえ」のどちらかを○で囲んでください。

1.	あなたには実現したい夢がありますか？	はい　いいえ
2.	あなたは今、仕事に夢中ですか？	はい　いいえ
3.	仕事の中に楽しくて仕方がないプロジェクトがありますか？	はい　いいえ
4.	夢中になっている趣味がありますか？	はい　いいえ
5.	家庭は円満ですか？	はい　いいえ
6.	一緒にいると楽しくて仕方がないパートナーや友人がいますか？	はい　いいえ
7.	夢中になれるスポーツがありますか？	はい　いいえ
8.	幸せな人生と実感できますか？	はい　いいえ
9.	いつもニコニコしていられますか？	はい　いいえ
10.	今、心身とも健康ですか？	はい　いいえ
11.	常にリラックスしていますか？	はい　いいえ
12.	あなたは今、幸せですか？	はい　いいえ

昨日の「感情」を引きずらず、今日を最高に生きる

歳をとるにつれて、私たちの人生の選択肢は着実に狭まっていきます。若さの特権の一つは、選択肢が多いということです。社会があなたに扉を開いているこの時期こそ、果敢に行動を起こし、チャレンジするチャンスです。

ただし、行動がもたらした結果にこだわりすぎないこと。大谷選手はこう語っています。

「常に結果は欲しいですよ。それは1年目からそうでした。でも、だからと言って結果を残さなきゃ、というプレッシャーは感じませんでした。僕はピッチングにしてもバッティングにしても、自分の形をどれだけ高いレベルでできるのかなっていうとこ

ろに楽しみがあるだけなので……」（『大谷翔平　野球翔年Ⅰ　日本編２０１３‐２０１８』石田雄太〈文藝春秋〉）

ピッチャーとして、バッターとして結果を出すことよりも、これまでできなかったことができるようになること、自分をより高いレベルに引き上げることに最大の楽しみがある。大谷選手はそう考えているのです。

ＭＬＢで史上唯一、10年連続で２００安打以上を達成したあのイチローさんも、プロとして向上するために、困難に挑み続ける姿勢の大切さを説いています。

「むずかしいことに自分から立ち向かっていく姿勢があれば、野球はうまくなるし、人間として強くなっていきます」（『自己を変革するイチロー２６２のメッセージ』「自己を変革するイチロー２６２のメッセージ」編集委員会／著、イチロー／監修〈ぴあ〉）

残念ながら、多くの人たちは、「良かったか、悪かったか」の結果に固執するあまり、湧き起こった感情をいつまでも引きずってしまいがちです。

もちろん、喜怒哀楽を表に出すこと自体は悪いことではありません。嬉しいことがあったら笑い、悲しいことがあったら泣けばいいのです。

しかし、それはその日だけに留め、次の日には気持ちをすっきりリセットして、やるべきことに全力投球してほしいのです。

つまり、結果がどうであれ、自分がやるべきことの優先順位をしっかりつけて、やると決めたことを着実に実行して、ベストを尽くすことが大事なのです。

次ページに「優先順位のチェック表」（図表4－4）を示します。出社前の10分間をこのチェック表の記入にあてて、その日やるべきことに優先順位をつけてください。この作業があなたの1日のパフォーマンスを最大化してくれるのです。

図表4-4 優先順位のチェック表

今日のスケジュールの表

_____ 年____ 月____ 日

	項目	分類	優先順位
1			
2			
3			
4			
5			
6			
7			

どうしてもやらなければならない仕事には「◎」、完了させたい仕事には「○」、
明日に引き延ばしてもいいが少しでも進捗させたい仕事は「△」。
そして、今日やらなくても良い仕事には「×」をつける。

⬇

記入例

	項目	分類	優先順位
1	得意先のK部長と会食	◎	3
2	新製品プロモーションに関する営業会議	◎	1
3	A社H課長と商談	◎	2
4	来週の営業会議のプレゼン資料作成	△	5
5	来週の新人研修会の準備	×	6
6	フィットネスクラブに行く	○	4
7			

117ページの質問の〇の数に対する判定

〇の数

17問以上	……… あなたの好奇心は最高レベルです。
13〜16問	……… あなたの好奇心は旺盛です。
9〜12問	……… あなたの好奇心は平均レベルです。
5〜8問	……… あなたの好奇心をもっと高める必要があります。
4問以下	……… あなたの好奇心は最低レベルです。

参考／アメリカ・南メソジスト大学心理学チームが開発した「好奇心アクションリスト」

第5章

「マインドセット」が幸福な人生を引き寄せる

「しなやかマインドセット」と「こちこちマインドセット」

私の研究生活に大きな影響を与えた心理学者として、スタンフォード大学の心理学部教授キャロル・ドゥエック博士をはずすわけにはいきません。

彼女は社会心理学、発達心理学等における世界的権威で、その研究の主要テーマは「マインドセット（ｍｉｎｄｓｅｔ）」と呼ばれます。私はこの言葉を「心構え」と訳しています。

ドゥエック博士によれば、人間は大きく分けて2種類に分類できます。彼女が表現する「ｇｒｏｗｔｈ－ｍｉｎｄｓｅｔ（しなやかマインドセット）」と、「ｆｉｘｅｄ－ｍｉｎｄｓｅｔ（こちこちマインドセット）」です。

人間は、努力すれば着実に能力が伸びる「しなやかマインドセット」の持ち主か、それとも、能力の伸びしろが硬直している「こちこちマインドセット」の持ち主か、このいずれかに分かれます。そのどちらかによって、人間の行動と運命が根本的に決定されるのです。

もちろん、大多数の学者が支持しているのは「しなやかマインドセット」のほうです。大谷選手もこのマインドセットの持ち主であることは間違いありません。

「自分で今日やってできなかったことがあったりしたら、おそらくこうやったらうまくいくんじゃないかということを翌日の練習で試してみて、『ダメだった』『良かった』があるので、それをまた試合で試してみて、本当にその繰り返しというか、そういう毎日でしたね。シーズン中は特にそういうのが多いと思います」（『REAL SPORTS』岩本義弘　2021年11月19日）

大谷選手のように、今日できたこと、できなかったことの原因を探り出し、次の機会でその改善策を実際に試してみる。それを、ごく当たり前のように地道に繰り返すことができるのが、「しなやかマインドセット」の最大の強みです。

だから、「しなやかマインドセット」の持ち主は、「努力すれば着実に能力が伸びる」のです。


知能研究に造詣の深いアメリカの著名な心理学者ロバート・スターンバーグ博士は、こう主張しています。

「高度な技を習得するには、あらかじめ備わった固定的な能力に頼るのではなく、目的に即してどこまで能力を伸ばしていけるかにかかっている」

私もまったく同感です。では、固定的な能力に頼らず、目的に即して能力を伸ばす条件は何かというと、ここでも「しなやかマインドセット」が必要だと私は考えています。


一方で、才能の種を枯らさずに開花させるには、「鍛練」という行為が不可欠です。「鍛練」は、才能の花を見事に咲かせるための、水や栄養の役割を果たすのです。

人生を幸福感に満ちたものにするために、できるだけ早い時期に、正しいマインドセットを身につけましょう。

そのうえで目的に即した鍛練を続ければ、才能のレベルアップは加速度的に上昇していくのです。

才能は同じなのに
なぜ成果に差が出るのか

前項で紹介したキャロル・ドゥエック博士の「マインドセット」についての話を続けましょう。

順風満帆のときには、「こちこちマインドセット」の人と「しなやかマインドセット」の人の間に大きな違いは発生しません。

違いが生じるのは逆境のときです。

〝努力しても無駄〟という固定観念をもっている「こちこちマインドセット」の人は、取り組んでいる仕事がうまくいかないと、すぐに投げ出す傾向があります。

自分の身に降りかかった逆境を認めようとせず、また、逆境を順境に変えようというエネルギーが不足していることがこのタイプの最大の欠点です。

一方、「しなやかマインドセット」の人は、逆境に見舞われてもマイペースで黙々と努力を積み重ねることができます。

ドゥエック博士はこう書いています。

「思いどおりにいかなくても、いや、うまくいかないときにこそ、粘り強くがんばるのが『しなやかマインドセット』の特徴だ。人生の試練を乗り越える力を与えてくれるのは、このマインドセットなのである」（『「やればできる!」の研究 能力を開花させるマインドセットの力』キャロル・S・ドゥエック／著、今西康子／訳〈草思社〉）

大谷選手がまさにそうです。たとえば、こんな発言があります。

「それ〈好きなこと〈野球〉に関して頑張れる才能・著者注〉以外にはほぼないと思いますね。本当にそこに尽きるというか。他に才能は特には感じていないです。感じてないというか、そこはありますというのが、自分で自信を持って言える唯一のポイ

ントかなと思うので。もう本当にそこだけでここまできたと思っています」（『REAL SPORTS』岩本義弘　2021年11月19日）

大谷選手が好きなことに頑張れるのは、「しなやかマインドセット」のおかげです。ある目標を達成しても、壁にぶつかっても、努力を続けることをやめないのです。一方、「こちこちマインドセット」の人は、どんなに好きなことを見つけても、小さな成功ですぐ満足したり、逆境にあうと簡単にギブアップしがちです。

実は、マインドセットの違いは、自分が置かれた状況のとらえ方の違いでもあるのです。

たとえば、ここに同じセールスの才能をもった2人のセールスマンがいるとします。セールスマンAは「こちこちマインドセット」、セールスマンBは「しなやかマインドセット」のもち主です。

1週目に2人とも5台の車を売ったとします。2人並んで会社でトップの優秀な成績です。しかし、ここで２人の行動に違いが生まれます。

２週目以降、セールスマンAは手を抜き始めます。成果に満足して手抜きのセールスに終始するのです。一方、セールスマンBはどうでしょう。「このままのペースで売り続けよう」と考えて、その後も変わらずにベストを尽くすのです。

月末に月間売上高を比較すると、セールスマンBが圧倒的に優《まさ》っていることは言うまでもありません。セールスの才能ではなく、明らかにマインドセットの違いが両者の成果の違いを生み出したのです。

うまくいったらすぐ手抜きをする人もいれば、その後も手綱をゆるめずに努力を維持する人もいます。その差が生じるのは、マインドセットの違いでしか説明できません。

このように、もっている才能は同じでも、状況のとらえ方（マインドセット）しだいで、その人の未来が大きく変わるのです。

「成長」していれば、それは「失敗」ではない

ピンチのときに気持ちをポジティブにもっていく方法を聞かれて、大谷選手はこう答えています。

「そこはポジティブに考えようとは思っていない、ということですね。何事もバランスかなと思っているので、いいこともあれば悪いこともある。意識的にいいことを考えるのは大事かなと思いますけど、常にポジティブにいようとは思っていません」（『Ｎｕｍｂｅｒ』１００２号・２０２０年5月21日〈文藝春秋〉）

ピンチに見舞われても、慌てず騒がず、置かれた状況を受け入れてベストを尽くす。そして、順風満帆のときでも、手を抜かないでこれまで通りの努力を続ける。これは、

大谷選手のような「しなやかマインドセット」の人間の共通点です。

ここで2種類のマインドセットの人間の「失敗」の定義を比較してみましょう。

「こちこちマインドセット」の人間は、文字通り「結果が芳《かんば》しくなかったこと」を失敗と定義します。うまくいかなかったという事実に素直に反応して頭を抱え、それ以降の行動を躊躇してしまいます。

一方、大谷選手のような「しなやかマインドセット」の人間は、「成長しないこと」を失敗と考えます。だから、結果が良くなくても、成長している実感があれば、それを失敗とはとらえません。

うまくいったか、いかなかったかという結果ではなく、その行動で自分は成長できたか否かを優先するので、結果に過剰反応することなく、マイペースでチャレンジを続けることができるのです。

失敗を恐れるあまり、現状維持を求め、なまぬるい環境に安住してしまうのが「こちこちマインドセット」の人間なら、失敗を厭《いと》わず、敢えて厳しい環境を求めて自分の限界にチャレンジするのが「しなやかマインドセット」の人間です。

「良くても悪くても、どんどん変えていくっていうのは良いところじゃないかなと思いますね。なんて言うんだろう……現状を守りにいかないという性格ではあるので、まあ、すごくいい状態のときでも、それを維持していこうというよりも、それを超える技術をもう一つ試してみようかなと思う。挑戦してみようかなというマインドがあるのは、得なところだと思います」（『道ひらく、海わたる 大谷翔平の素顔』佐々木亨〈扶桑社〉）

「しなやかマインドセット」の人は、大谷選手のように、とにかく失敗することを恐れません。不可能と言われることでも、「やってやろう」となるのです。

2つのマインドセットの提唱者、キャロル・ドゥエック博士はこう述べています。

「しなやかマインドセットの人は潜在能力が開花するには時間がかかることを知っている」（『「やればできる！」の研究 能力を開花させるマインドセットの力』キャロル・S・ドゥエッ

ク／著、今西康子／訳〈草思社〉）

たとえ時間を要しても、夢をめざしてのチャレンジだけは、決してやめない。「不可能」と言われれば、さらにチャレンジ精神に火がつく。大谷選手が紛れもなく「しなやかマインドセット」の人間であることがわかります。

あなたに提案です。

今はまだ成功にたどり着けていなくても、そこに向かってチャレンジを続けていることそのものを成功と考えるのです。

すでにあなたは気づいているはず。こうした覚悟をもつことが、「しなやかマインドセット」の出発点になるのです。

「失敗」の数を誇ろう。それは「チャレンジ」の数だ！

「失敗」と「過失」。

みなさんは、両者の違いは何だと思いますか。

たとえば、集中力を欠いた選手が、なんでもないゴロを後逸したり、ヒットで一塁に出た選手がボヤッとしていてピッチャーに牽制で刺されたりするのは、「失敗」ではなく「過失」です。「過失」は英語の「ミステイク」に近い言葉です。

一方、「失敗」は、たとえば、外野に飛んだボールを思い切りダイビングキャッチして、わずかに届かずに後逸したようなケースです。結果はうまくいかなかったとしても、果敢でポジティブな行動を伴うのが「失敗」なのです。

私は、「失敗」の同義語は、英語の「チャレンジ」がふさわしいと考えています。

「やれるだけのことはやって、練習もやってきたので、結果は結果として受け止めればいい。しっかり次につなげられるように、よくても悪くても毎年、毎年そうやって、やってきたので、悪かったからといって落ち込むこともないですし、1回1回、1打席1打席、1球1球、繰り返し繰り返し、前進していけばいいんじゃないかと思います」（『大谷翔平語録』斎藤庸裕〈宝島社〉）

大谷選手が「悪かったからといって落ち込むこともない」のは、「失敗」を「前進」と考えているからです。

たとえば、あなたが木の上の果実をつかみ取ろうとするとき、手を伸ばし、膝を曲げてからジャンプします。そのほうが高く跳べて、目的の果実を確実にゲットできるからです。

膝を曲げると、伸ばした手は、膝を曲げた分だけ果実から「後退」します。しかし、高い木の果実をつかみ取る、つまり、成功をつかむには、「後退」が必要ということなのです。

もちろん、失敗も後退もすることなく成功を勝ち取ることもあるでしょう。しかし、そんな成功はたいてい大した成功ではないのです。

私は、ピカソのこんな言葉を思い出します。

「芸術家には成功が必要だ。パンのためだけではなく、とくに自分の作品を実現するためだ。僕がやりたかったことの全部をすることができたのは、僕の成功のおかげなんだ」（『プロ脳』児玉光雄〈アスコム〉）

ピカソは91年という生涯の中で、わかっているだけで約15万点にのぼる作品を世に残しています。彼は8歳の頃から創作活動を始めていますが、亡くなるまでの約80年間に15万点の作品を残すには、毎日5点以上の作品を休みなく創り続けなければならない計算です。

もちろん、いくら天才ピカソとはいえ、生涯に残した作品のすべてが傑作だったわけではありません。プロの目から見れば、ガラクタ同然の失敗作も大量に含まれていたはずです。

私は、ピカソが右の言葉で「成功」の必要を強調しているのは、多くの失敗を積み重ねてきたことの裏返しだと考えています。ピカソの成功には、それを上回るたくさんの失敗が必要でした。

ピカソの偉大な業績は「失敗のおかげ」ともいえるのです。

「成功」の反対は「失敗」ではありません。
「成功」の反対は「チャレンジしないこと」です。

失敗を悔いるのは今すぐやめましょう。

チャレンジしなかったことを悔いましょう。

たとえ結果が芳しくなくても、それはピカソにとって夢を叶えるために、不可欠なプロセスだったのです。

「できたか、できなかったか」で自己評価しよう

もちろん、大谷選手といえども、これまでいいことずくめで、今の栄光を勝ち取ったわけではありません。

そもそも、いいことずくめの人生などありえません。長い人生の中には、「悪いこと」もあれば「いいこと」もあるし、「悪いこと」ばかりだからといって、夢を叶えられないわけでもないのです。

私がメンタル面でバックアップしているプロゴルファーの中にも、試合結果の「良かった」「悪かった」に一喜一憂する選手がいます。こういうゴルファーに限って、感情コントロールができないために、一度予選落ちすると、なかなか立ち直れません。「悪かった」ことをいつまでも引きずるのです。

私は、このようなゴルファーには、結果が「良かった」か「悪かった」かではなく、設定した目標の達成が「できた」か「できなかった」かを自己評価の尺度にするようアドバイスしています。

できなかったことができるようになったときの快感は並大抵なものではありません。この感覚を一度味わうと、今回はたとえできなくても、次はなんとかできるようになろうとモチベーションを落とさずにチャレンジを続けられます。

大谷選手のような一流の人たちは、できなかったことができるようになることを生き甲斐にしています。それが、努力を積み重ねる上でのエネルギー源になっているのです。

「できなかったことや、うまくいかなかったことを練習でできるようにしていく。毎日が挑戦ですし、その積み重ねでここまで来ました。明日以降もその積み重ねを続け

ていくことがやはり大切だと思います」（『Ｆｏｒｂｅｓ ＪＡＰＡＮ』公式サイト ２０２２年２月10日）

左ページに「ピンチノート」（図表５－１）を示します。

あなたがピンチに陥ったとき、そのピンチの内容を記録に残し、打開策を考えてください。そして、そのピンチを克服する実際の行動の進捗状況をパーセントで示してください。

このノートを活用すれば、あなたは逆境耐性を着実に身につけることができるようになります。

「ピンチ」は「チャンス」なのです。

図表5-1 ピンチノート

＿＿＿年＿＿月＿＿日

☆ピンチの状況

＿＿＿＿＿＿＿＿＿＿＿＿＿＿＿＿＿＿＿＿＿＿＿＿＿＿＿＿

＿＿＿＿＿＿＿＿＿＿＿＿＿＿＿＿＿＿＿＿＿＿＿＿＿＿＿＿

＿＿＿＿＿＿＿＿＿＿＿＿＿＿＿＿＿＿＿＿＿＿＿＿＿＿＿＿

＿＿＿＿＿＿＿＿＿＿＿＿＿＿＿＿＿＿＿＿＿＿＿＿＿＿＿＿

☆ピンチ解決のための打開策

＿＿＿＿＿＿＿＿＿＿＿＿＿＿＿＿＿＿＿＿＿＿＿＿＿＿＿＿

＿＿＿＿＿＿＿＿＿＿＿＿＿＿＿＿＿＿＿＿＿＿＿＿＿＿＿＿

＿＿＿＿＿＿＿＿＿＿＿＿＿＿＿＿＿＿＿＿＿＿＿＿＿＿＿＿

＿＿＿＿＿＿＿＿＿＿＿＿＿＿＿＿＿＿＿＿＿＿＿＿＿＿＿＿

☆打開策を実現するための行動プラン

＿＿＿＿＿＿＿＿＿＿＿＿＿＿＿＿＿＿＿＿＿＿＿＿＿＿＿＿

＿＿＿＿＿＿＿＿＿＿＿＿＿＿＿＿＿＿＿＿＿＿＿＿＿＿＿＿

＿＿＿＿＿＿＿＿＿＿＿＿＿＿＿＿＿＿＿＿＿＿＿＿＿＿＿＿

＿＿＿＿＿＿＿＿＿＿＿＿＿＿＿＿＿＿＿＿＿＿＿＿＿＿＿＿

☆進捗状況

＿＿月＿＿日　（　　）%

＿＿月＿＿日　（　　）%

＿＿月＿＿日　（　　）%

＿＿月＿＿日　（　　）%

「できた！」ときの達成感があなたを成長させる

「大谷選手はホームランを狙って打席に立っている」と誰もが思いがちですが、実際はどうでしょう。彼はこう語っています。

「ホームランを狙うというのは、ほとんどありません。そういう打席はほとんどシーズン中にもありません。良いコンタクトをしたら、勝手にホームランになると自分では思っています。詰まっても、先っぽに当たっても、ある程度いい角度で上がれば、ホームランになるという自信を持って振っています。だから特に狙うということはなく、いい角度でボールを当てるというのが一番かなと思います」（『速報　大谷翔平　二刀流　ＡＬＬ　ＳＴＡＲ　ＧＡＭＥ（サンケイスポーツ特別版）』〈サンケイスポーツ〉）

テレビ中継を見てもわかりますが、大谷選手は、ホームランを打ったからといって、浮かれて我を忘れるようなことはありません。「バットを振ったら勝手にホームランになった」というくらい冷静です。

彼にとっては、「ホームランか、凡打か」という結果の「良い・悪い」はたいして重要ではありません。思った通りにバットコントロールができたかどうか、スイングの修正がうまくできたかどうか、つまり、意図した通りに「できたか・できなかったか」が問題なのです。

とくに若い世代に言いたいのは、「良い・悪い」をものごとの判断基準にしてはいけない、ということです。

この癖がついてしまうと、人生の中で一番飛躍が期待できる大事な時期が、ただ浮かれたり、ガッカリしたりの「喜怒哀楽」の繰り返しだけで終わってしまうからです。

重要なのは、「喜怒哀楽」という原始的な感情ではなく、「達成感」に代表される高度なワクワク感を味わうことです。

思った通りにできたときの達成感は何ものにも代えがたい感動体験です。
この快感を何度も繰り返し味わい、心に刻み込んでほしいのです。

左ページに「自己成長に関する模式図」を示します（図表5－2）。
大切なのは、日々の小さな達成感を通じて、自己成長の手応えを敏感に感じながら行動し続けることです。

「プチ成長」のパワーを信じて、日々ベストを尽くしましょう。

図表5-2 自己成長に関する模式図

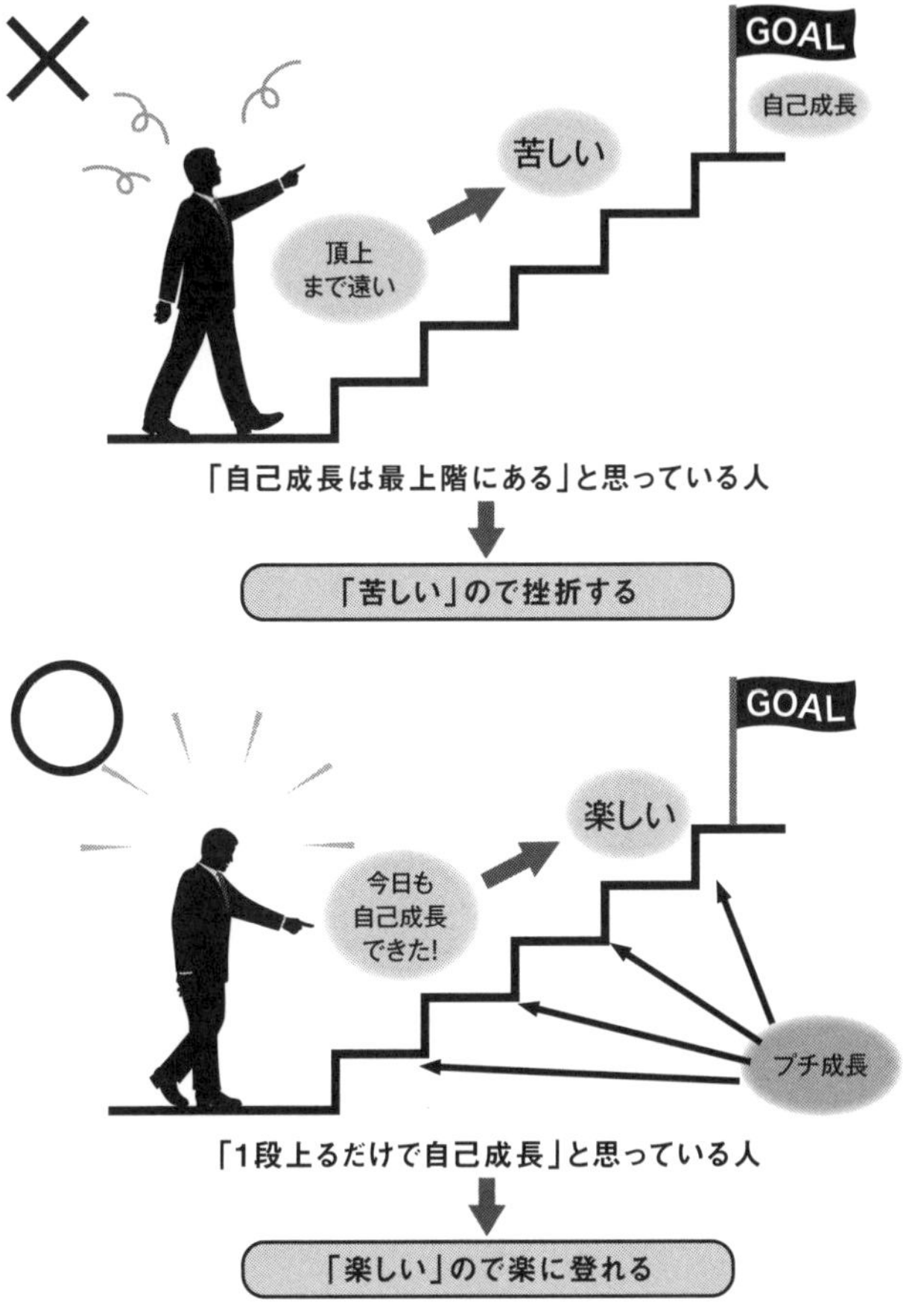

※参考のうえ改変／『精神科医が見つけた 3つの幸福 最新科学から最高の人生をつくる方法』樺沢紫苑〈飛鳥新社〉

天才に共通する桁違いの「好奇心」の秘密

「天才」。とても魅力的で、神秘的な言葉です。

２０２１年にアメリカのウィスコンシン大学などが、「天才に共通する性格（パーソナリティ）」を調べるために、８０００人の被験者を対象にメタ分析を行いました。

その結果、天才の性格特性として「開放性の高さ」が明らかになったのです。

「開放性」とはある特定のパーソナリティを表現する専門用語で、**「ポジティブな興味をもって、そのモチベーションを維持しながら行動に移すことができる」**という性格を意味します。

「開放性の高さ」は、「好奇心の旺盛さ」を意味します。

旺盛な好奇心が行動力と集中力を極限まで高め、取り組んでいるテーマを深掘りする「ディープ・ワーク」を可能にします。結果、レベルの違う抜きん出た能力や技術を備えた天才が誕生するというわけです。

大谷選手はこう語っています。

「その瞬間が、今日来るかもしれない。明日来るかもしれない。もしかしたら、ある日突然に何かを掴む瞬間が来るかもしれない。だから毎日練習したくなるんです。毎日バットを振るときもそう、投げるときもそうです。もしかして、その瞬間が来るかもしれないと思って、いつもワクワクするから練習に行くんです」（『道ひらく、海わたる　大谷翔平の素顔』佐々木亨〈扶桑社〉）

実は、「好奇心」と「ワクワク感」は同義語なのです。特定のテーマに対して異常なほど好奇心の強い人の心の中は、いつもワクワク感で満たされています。

サイエンスライターの鈴木祐さんは天才をこう定義しています。

「生まれつき知能が高かろうが、生まれつき強い精神力を持とうが、好奇心という土台がなければせっかくの能力も発揮できません。自らの得意分野を超えたジャンルに興味を抱き、損得の勘定を超えて幅広いチャレンジを重ねなければ、どんな才能も活かされずに終わりかねないでしょう。つまり、真の天才とは、死ぬまで人生を探索できる人間なのです」

（『運の方程式』鈴木祐〈アスコム〉）

大谷選手の心のベースにも、野球への飽くなき好奇心という土台があります。好奇心をもつことの意義は、計り知れず大きいのです。

最後に一つだけ付け加えると、好奇心は、「運」も引き寄せます。いつも好奇心をもって、ワクワクと楽しいことだけに意識を置く人に運は寄ってくるのです。

どうせなら、楽しいことにもっと敏感になりましょう。そのためには、普段からポジティブな楽しい出来事だけを記録する習慣を身につけること（図5−3）です。幸せを集めることは、すなわち運を集めることでもあるのです。

図表5-3 幸せ収集能力で幸福度は決まる

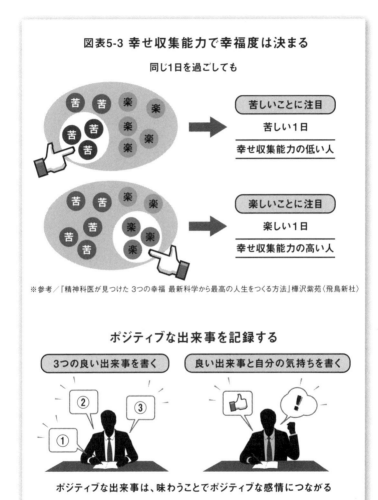

同じ1日を過ごしても

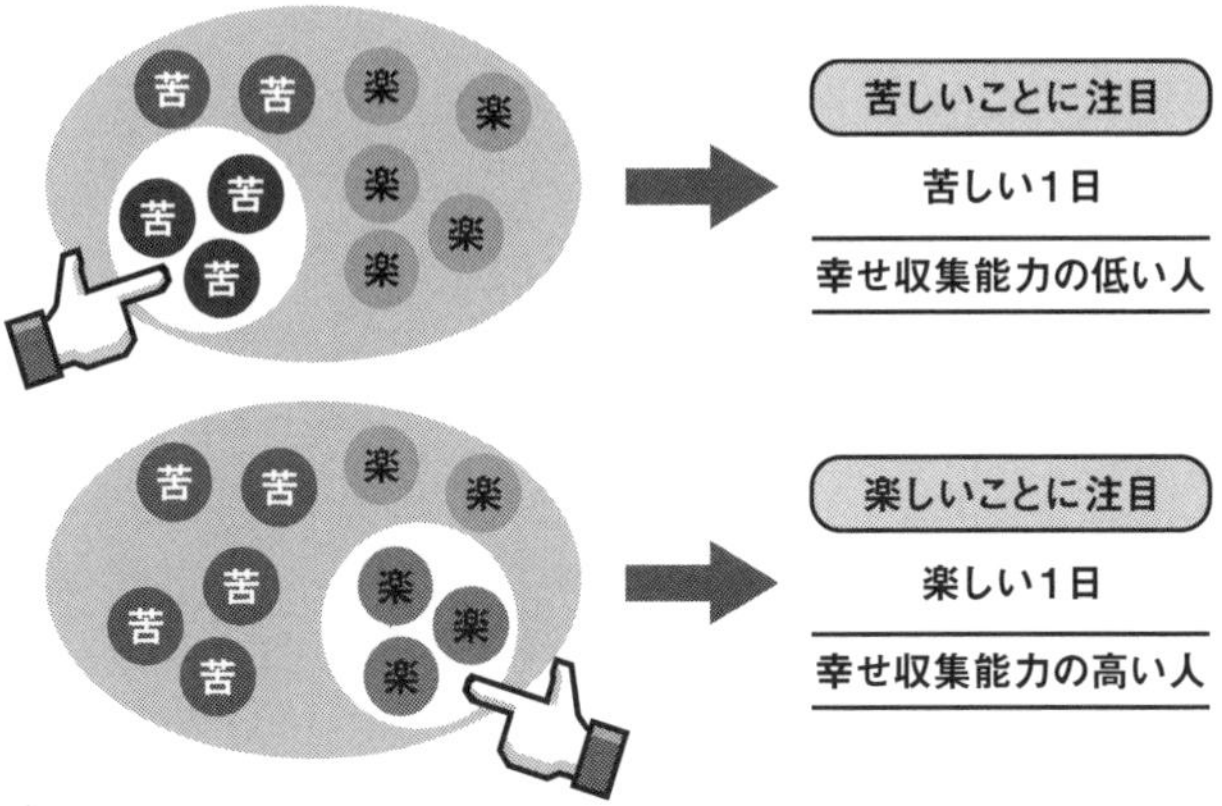

※参考／『精神科医が見つけた 3つの幸福 最新科学から最高の人生をつくる方法』樺沢紫苑〈飛鳥新社〉

ポジティブな出来事を記録する

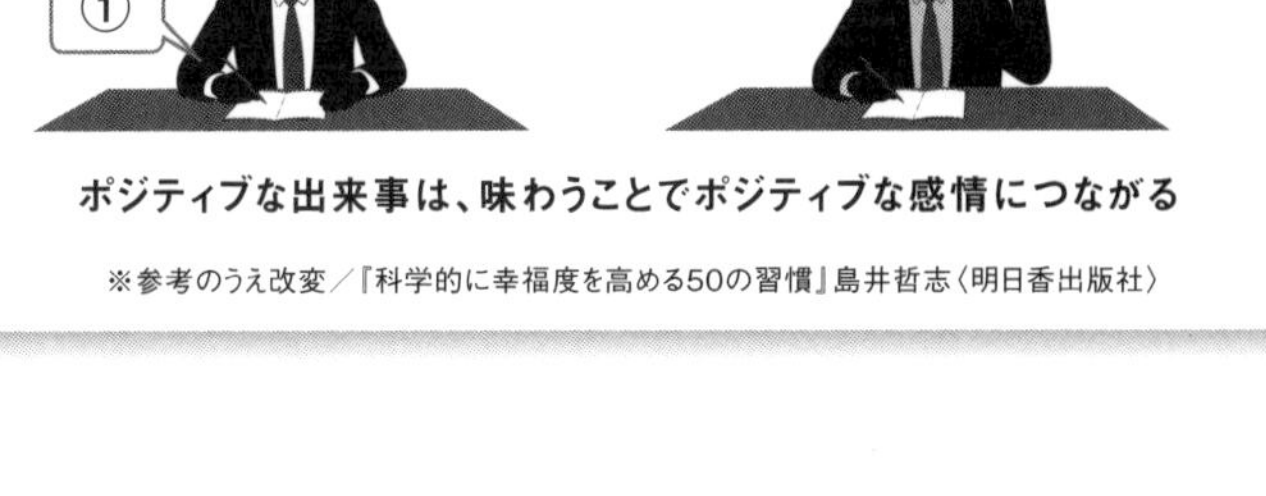

ポジティブな出来事は、味わうことでポジティブな感情につながる

※参考のうえ改変／『科学的に幸福度を高める50の習慣』島井哲志〈明日香出版社〉

第6章

人生を2倍楽しむ究極の仕事術

退屈なルーティンワークは「トレーニング」と考える

みなさんは「トレーニング」をどう定義しますか。

辞書によれば、「人間の体力（意志力を含む）を高めるための身体運動、またはその過程」とあります。スポーツに限らず、あるスキルを身につけるための努力の内容をトレーニングと考えていいでしょう。

「トレーニングも、誰よりもやってきたという自信はあります。やらされていたメニューではなくて、取り組むトレーニングがどういう成果に結びつくかをちゃんと理解してやるのと、やっていないのでは、経過が大きく違ってくる。そこはちゃんと理解してやってきた自信はあります」（『道ひらく、海わたる 大谷翔平の素顔』佐々木亨〈扶桑社〉）

もしもあなたが大谷選手の野球に対する情熱と同じくらいの気持ちで、英語の勉強に取り組んだら、TOEICで990点以上のスコアを叩き出すのも夢ではありません。よく言われるように、トレーニングは決して裏切らないのです。

若い社会人にとっては、日々のルーティンの仕事が、のちのちの成果を生むためのトレーニングにほかなりません。

そんなあなたには、目の前の仕事に関して、世界一を目指してほしいのです。

それは、いっけん単純で、つまらない作業かもしれません。しかし、大谷選手がトレーニングルームでダンベルの上げ下げを何度も繰り返すように、手を抜かず、力を出し切って、あなたの最高の仕事に仕立て上げるのです。

若い頃は、自分の中にどんな才能があるかについてあれこれ考えたり、悩んだりしがちです。しかし、そんな暇があったら、自分の潜在能力を育てることの大切さについて、もっと理解を深める必要があります。どんな潜在的な才能も、育たなければただの可能性で終わるからです。

左ページに、ペンシルベニア大学心理学教授のダックワース博士が提唱する「才能」「努力」「達成」の3つの要素の相関関係を示します（図表6-1）。

多くの人が才能と努力のかけ算が成果と考えていますが、実際はそうではありません。**才能と努力とのかけ算でスキルが身につき、そのスキルとさらなる努力とのかけ算によって成果がもたらされるのです。**

「量」が「質」に転化する——。「量質転化」は私の大好きな座右の銘です。

たとえ最初は才能が小さくても、努力の量を増やせばスキルが身につき、さらにスキルに磨きをかければ、より質の高い才能に転化していくのです。

目の前の仕事はトレーニングと考えて、その仕事の達人になりましょう。

むしろ自分は才能に恵まれていないと考えている人のほうが、トレーニングにはまりやすく、伸びしろも大きいのです。

図表6-1「才能」「努力」「達成」の相関関係

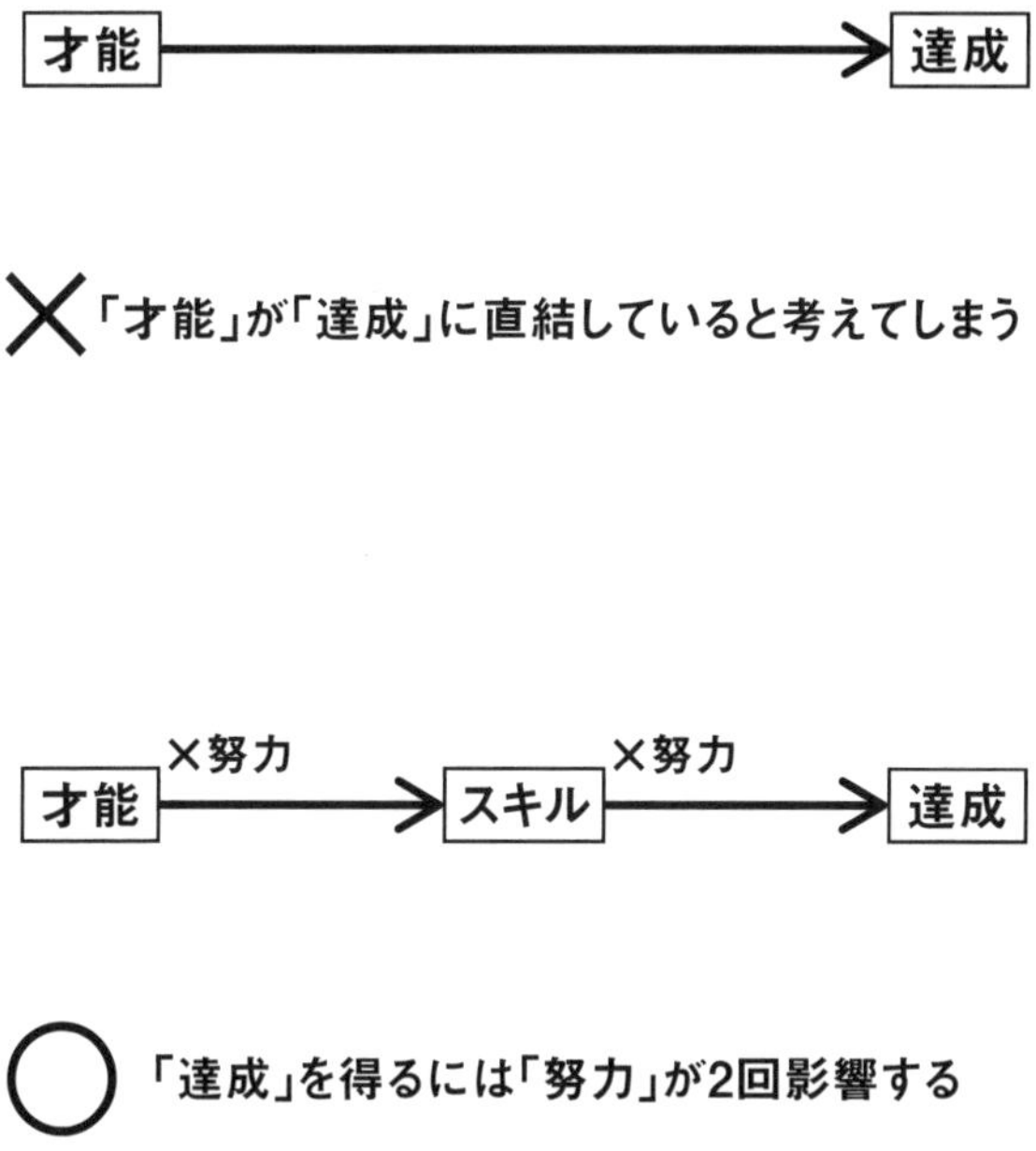

参考のうえ改変／『やり抜く力──人生のあらゆる成功を決める「究極の能力」を身につける』アンジェラ・ダックワース／著、神崎朗子／訳〈ダイヤモンド社〉

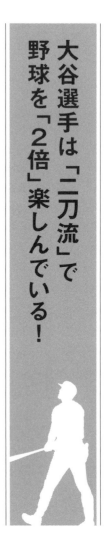

大谷選手は「二刀流」で野球を「2倍」楽しんでいる！

大谷選手は「進化欲求」がとてつもなく強力です。

「プロ1年目よりは2年目、2年目よりは3年目、今が一番、僕の中では自信がありますよね。僕は今まで、結果を出すためにやり尽くしたと言える一日一日を、誰よりも大事に過ごしてきた自信を持っていますから……」（『大谷翔平　野球翔年Ⅰ　日本編2013-2018』石田雄太〈文藝春秋〉）

「一昨日の自分」よりも「昨日の自分」、「昨日の自分」よりも「今日の自分」のほうが進化している。たとえ小さな進化でも、その手応えを確かに感じとることができる。

ここにこそ、大谷選手が「今が一番、僕の中では自信があります」と言える理由があります。

ここで仕事と趣味の違いを明確にしておきましょう。辞書的な定義をすれば、社会的なニーズのあるものが「仕事」であり、そうでないものが「趣味」。ただし、取り組む姿勢に大きな違いはありません。

大谷選手の進化の原動力は野球が「好き」であるということ。

同好の士が集まって楽しむ草野球はあくまでも趣味であり、たとえその人のスキルが低くても、野球が得意でなくても「好き」であれば成立します。

つまり、趣味においては、「好き」が原点であり、「得意」であることは必ずしも必須要素ではないのです。

一方、野球が仕事となると、そうはいきません。入場料を払って観戦に来るファンを満足させるためには、ただ「好き」なだけでなく、飛び抜けて「得意」であることが求められます。

では、一般社会人の場合はどうでしょうか。彼らに仕事観を聞いてみると、「仕事の内容は好きでも嫌いでもないけど、お金をもらうためと割り切ってやっている」という答えがめずらしくありません。

私は、それも一つの生き方であることは否定しません。でも、若い、ポテンシャルを秘めたあなたには、もっと欲を出してほしいのです。

今の若い人は、もっと楽しさに貪欲であるべきです。

大谷選手を見てください。

彼は、大好きな野球のピッチャーとバッターの二刀流を実践することで、他の選手たちの2倍、3倍、野球を楽しんでいるのです。

「ピッチャーだけをしていたら、ピッチングしか経験できない発見があるわけですけど、ピッチングをやってバッティングをしていれば、楽しい瞬間はいっぱいあるんです。そういう瞬間が訪れるたびに、僕は投打両方をやっていて『よかったなあ』と思

うんじゃないですか」（『道ひらく、海わたる　大谷翔平の素顔』佐々木亨〈扶桑社〉）

自分の仕事の井戸を深く掘り続けることに専念しましょう。すると、仕事が面白くなって探究心が芽生え、今取り組んでいる仕事のことを四六時中、考え続けるようになります。

そうなったらしめたもの。

すでにあなたはその仕事が「好き」になっているのです。

「量」を稼ぐ。それが最強の成功法則！

大谷選手は２０１２年に日本ハムに入団し、プロの野球選手になりますが、私は、彼が真の「野球の玄人《くろうと》」の仲間入りをしたのは、メジャー４年目に、投手として９勝、打者として46本のホームランを打った２０２１年だと考えています。

なぜなら、周囲の二刀流への不安を払拭し、メジャーにおける「二刀流・大谷」の評価を確立したのがこの年だからです。

ここで覚えておいてほしい法則があります。

「行動」の量と「達成」の質は比例します。

つまり、「行動」の量を稼がない限り、その「達成」は低レベルに留まり、たいしたものにはならないのです。

「わかっていてできるのが天才なら、僕はわかっていてもできないのでたくさん練習しなきゃいけない。練習はそのためにある、ということなんじゃないですかね」（『Number』980号・2019年6月27日〈文藝春秋〉）

一発でクリアできるような近道など存在しません。自ら設定した課題をクリアするために、血の滲むような行動＝鍛練を長期間にわたり継続したから、彼は今の不動の地位を確立したのです。

これはあらゆる職種に携わる人に通用する成功方程式です。

私の場合、名実ともに「もの書きの玄人」の仲間入りをしたという実感をもてたのは、『イチロー思考 孤高を貫き、成功をつかむ77の工夫』（東邦出版）という本が、10万部以上のベストセラーとなった2005年だと思っています。

本格的に本を書き始めたのが1996年ですから、9年間待たなければなりませんでした。それまでに出した20冊あまりの本を通しての鍛錬が、私を玄人の領域に連れていってくれたのです。

ところで、物書きの玄人と素人の違いは何でしょうか。

私に言わせれば、本の売れ行きに一喜一憂するのが「物書きの素人」。そして、本が売れなくてもガッカリしない。ベストセラーを出しても浮かれない。それが「物書きの玄人」です。

どんな作家でも、たくさん本を世に出せば、自ずと売れる本と売れない本が生じます。そうした経験を積み重ねることで、一つひとつの結果に左右されない柔軟で強固な精神を有する玄人が形成されるのです。

左ページの2つの言葉から、「量を稼ぐことの大切さ」を自覚してください。これこそひょっとしたらあなたを幸せにする最強の要素かもしれません。

若い頃に、一度は死に物狂いで物事に打ち込んでみることが必要です。
目標を定めたら何が何でも達成するんだという意志を持たないと。
独学であっても強い覚悟と実行さえあれば道は開ける。
これは私の実感であり、体験を通して掴んだ1つの法則です。

——安藤忠雄（建築家）（『1日1話、読めば心が熱くなる365人の仕事の教科書』藤尾秀昭／監修〈致知出版社〉）

プロでミスしたシュート9000本。
負けたゲーム約300。
ウィニングショットを外したこと26回。
いままでミスしてきた。
何度も、何度も、何度も。
だから、オレは成功する。

——マイケル・ジョーダン（プロバスケットボール選手）（『続・働く理由——99の至言に学ぶジンセイ論。』戸田智弘〈ディスカヴァー・トゥエンティワン〉）

人生はマラソン、ではない。100mダッシュの連続だ

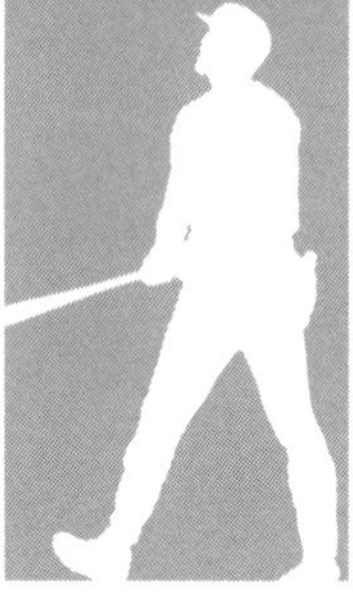

人生をマラソンにたとえる人がいます。「人生は1回きりの長いレース」というわけですが、その発想は明らかに間違っています。

実は、人生は、「100mダッシュの連続」なのです。

昨日は終わってしまったもの。そして明日はまだ来ていないもの。どちらも今の自分がなんとかできるものではありません。

自分にできるのは、今を、今日を全力疾走することだけ。こんな100mダッシュの繰り返しが人生なのです。

著名な自己啓発家オグ・マンディーノの言葉を噛みしめてください。

「私は今すぐ行動する。私は今すぐ行動する。今この瞬間から、私は1時間ごとにこの言葉をくり返し、毎日この言葉をくり返す。この言葉が、私にとって呼吸のように自然な存在になり、まるでまばたきのように自然に行動できるようになるまで、何度も何度もくり返す」〈『地上最強の商人』オグ・マンディーノ／著、稲盛和夫／監修〈日本経営合理化協会出版局〉〉

「収入増や昇進を目的に頑張る」といった考え方では、結局、夢は〝絵に描いた餅〟に終わり、その願いを叶えることはできません。

人生の限られた時間の大切さを脳裏に刻み込み、理屈抜きに、今、目の前の仕事に全身全霊で取り組む以外にないのです。

大谷選手はこう語っています。

「僕自身、選手としてはまだまだこれからだと思っているので、これからも新しいことにどんどん挑戦していくつもりです。今までやってきたことだけ長くやっているよ

うだと、同じことを続けて同じような結果を出すのが目標になると思うんですけど、僕はそうじゃなくて新しいことをどんどん取り入れて、より良い自分になって、より良いプレーをすることを目標にします」（「セールスフォース」）

過去にこだわっていては新しい未来はありません。

未来は、今日という日の過ごし方にすべて依存しているのです。

英語で「今」は「present」です。そして「贈り物」も同じ「present」。

これは偶然の一致ではありません。「今」という人生最大の「贈り物」をしっかり受け止め、その意義を噛みしめてください。

フランスの詩人のポール・ヴァレリーは「人生の時間」をこう表現しています。

「湖に浮かべたボートのように、人は後ろ向きに未来に入っていく。目に映るのは過去の風景ばかり。明日の景色は誰も知らない」（『続・働く理由——99の至言に学ぶジンセ

イ論。』戸田智弘〈ディスカヴァー・トゥエンティワン〉）

まだ見ぬ明日の景色を見るのを楽しみに、大谷選手は今日やるべきことを最優先させて思索と行動を積み重ねます。

彼ほどかけがえのない一回きりの人生の日々の大切さを自覚しているアスリートを探すのは、とても難しいのです。

一日一生――。

私たちに与えられた時間は今も着実に減っています。

終わった昨日のことを後悔せず、まだ来ない明日のことを思い煩わないで、今日を生き切る。そんな一途な切迫感があなたを確実に成長させてくれるのです。

あなたの潜在能力は外に出ようと必死にもがいている！

アメリカの心理学者アブラハム・マズロー博士が、およそ半世紀前にうち立てた「5段階欲求説」というのがあります。

次に掲げる①の欲求から順に満たしていかないと、高いレベルの⑤の「自己実現の欲求」は達成できないと考えられています。

①生理的欲求（食欲、睡眠欲などの基本的な欲求）
②安全の欲求（健康、経済的安定などへの欲求）
③社会的欲求（集団に所属したい、仲間を得たい）
④承認欲求（他者から認められたい）
⑤自己実現の欲求（こういう自分になりたいという欲求）

世の多くの人が資産や肩書を求めるのは、4番目の「承認欲求」です。しかし、これは典型的な欠乏欲求なので、いくら獲得しても満ち足りることがありません。「物質欲はタチが悪い」と私が主張するのは、こういう理由です。

一方、5段階欲求説の最上位に位置する「自己実現の欲求」は、唯一の存在欲求です。これは自分の才能を極限まで磨き上げたいという欲求であり、もっとも好ましい欲求です。

大谷選手のようなスーパー・パフォーマーと違って、私たちは自己実現の欲求をあまりにも過小評価しています。これが私たちのパフォーマンスの向上にブレーキをかけているのです。

もし、あなたが20代、30代なら、自己実現レベルの設定に絶対妥協するべきではありません。若いからこそ、自己実現のレベルは高くてちょうどいいのです。そうやって、自分のパフォーマンスに磨きをかけてください。

大谷選手にしても、今まで見たことのないような「すごい自分」にめぐり会いたいという強い自己実現の欲求があったからこそ、スキルが磨かれ、才能が育ち、パフォーマンスが向上していったのです。

自分のことは自分が一番よく知っている――。

果たして本当にそうでしょうか。私はむしろこう言いたいのです。

「自分の中に眠っているすごい才能のことをその本人はほとんどわかっていない」

あなたの知らないところで、あなたの潜在能力は必死で外に出ようともがいているのです。

ここで、私はみなさんに4つの問いかけをしたいと思います。

①あなたが現在有している一番誇れる能力は何ですか？
②あなたが生きているうちに身につけたいすごい能力は何ですか？
③四六時中その能力を伸ばすことについて考えていますか？
④それを伸ばすためにそのことにたっぷり時間をかけていますか？

これらの問いに自問自答するための、十分な時間をもってください。

そして、あらためて、日々行動し、努力を積み重ねることの大切さを再認識してほしいのです。

仕事に対する「4つの覚悟」をもっていますか？

アメリカの著名な教育心理学者ベンジャミン・ブルーム博士は、世界各地のプロテニスプレーヤー、水泳のオリンピック選手、一流ピアニスト、数学者など、優れた実績を残した１２０名を対象に、彼らの過去40年間を細かく調査しました。

対象者の中には、幼少期には平凡な子どもだったり、思春期初期の段階でも将来の成功を予見するのが難しかったりした人もたくさんいたのですが、まずわかったのは、**「学習できる環境がそろえば、誰でも才能を伸ばすことが可能」**という事実でした。

これは、大谷選手と違って豊かな才能に恵まれているとは言えない、私たち凡人にとって、とても勇気づけられる事実です。

もしあなたが、テニスのウインブルドン・チャンピオンや、サッカーのプレミアリーグの花形選手になりたいというなら、飛び抜けた才能なくしてその夢を実現することは不可能でしょう。

しかし、あなたがビジネスの現場で、自分に与えられた仕事の達人を目指すというなら、環境さえそろえば、**ほとんどの人たちが一流の仲間入りが可能**なのです。

あなたに知ってほしいのは、「才能が邪魔をする」という事実です。

恵まれた才能は、努力することの足かせになることがめずらしくありません。これまで、私が指導してきたプロアスリートの中でも、こんなケースをいやというほど目にしてきました。

才能に溢れていて、なんでも簡単にマスターしてしまう人の欠点は、努力することに慣れていないこと。だから、能力やスキルがあるレベルまで到達したところで、成長が止まってしまうのです。

もう一つ、才能に恵まれた人のマイナス面は、行き詰まったときに簡単に挫折してしまうことです。小さい頃から、とくに努力しなくても器用になんでもマスターできたため、ピンチに対する免疫ができていないのです。

売り手市場が続き、昨今は、空前の転職ブームだそうです。「給与が低い」「仕事が面白くない」「会社が自分を正当に評価してくれない」など、転職したい人の理由はさまざまです。

私も転職によるキャリアアップはどんどんすべきだと考えています。ただ、転職を考えている人に一つだけ言いたいのは、「あなたは、『仕事の覚悟』をもっていますか」ということです。

①飽き飽きするような内容の面白くない作業を黙々とこなす覚悟

②気の遠くなるような鍛練を積み重ねる覚悟

③人生という貴重な時間を費やす覚悟

④与えられる金銭報酬に見合う成果を挙げる覚悟

仕事には、本来こうした覚悟が求められるのです。転職がうまくいくかどうかも、結局、これら4つの覚悟しだいです。

若い人には、「好きなことを仕事にしたい」という人が多いですが、誤解しないでほしいのは、大谷選手にしても、好きな野球を仕事にしたから一流のメジャーリーガーになれたわけではないということです。そんな甘い話ではありません。

まずは、地にしっかり足をつけて目の前の仕事を通してスキルを磨いてください。覚悟して仕事の井戸を深く掘り進むことにより、仕事の面白さが自然に湧き出してきます。それはその仕事にのめり込んだ人にしかわからないもの。

結局、中途半端が一番良くないのです。

スキルの向上の秘訣は目標の「数値化」にあり！

どうすればパフォーマンス・スキルを引き上げることができるか――。スポーツ心理学の核心的テーマの一つです。

昔は、選手同士を互いに競争させて、パフォーマンス・スキルを向上させる手法が一般的でした。

しかし、最近の研究では、こうした競争の効果を疑問視するデータがたくさん存在します。中には「競争はパフォーマンス・スキルを上げるどころか低下させる」という報告すらあります。

たとえば、スポーツ心理学の専門誌『ジャーナル・オブ・スポーツ・アンド・エクササイズ・サイコロジー』誌にこんな論文が発表されました。自分なりの目標を決めている選手と、ただ他の選手との競争に勝つことだけを考えている選手とを比較すると、明らかに前者のほうが上達する確率が高いというのです。

この報告に従うと、他の選手よりいい成績を残すことを目標にするより、たとえば、「バスケットボールのフリースローの確率を前月より10％向上させる」、「次のマラソン大会で自分のベスト記録を5分短縮する」といった個人的な目標を具体的に掲げて練習したほうが、スキルは確実に向上するということです。

また、「10％向上させる」、「5分短縮する」など、目標を「数値化」することは、パフォーマンス・スキルを向上させる上で大きな効果が期待できます。

「『毎日バットを振る』というよりは、じゃあ『毎日何分間』とか『毎日何本振っていく』とか、それくらい明確じゃないと、ちゃんとこなせないいんじゃないかと思います」（「『日本スポーツ振興センター』アスリート育成パスウェイ　インタビュー」2016年12月12日）

何事も「数値化」することは、私たちをやる気にさせ、パフォーマンス・スキルを引き上げる起爆剤になります。数値化することで、当面する課題や目標達成までのプロセスが一段と明確になるのです。

ところで、訓練に時間をかければかけるほどパフォーマンス・スキルが向上していくというジャンルがあります。暗記力です。暗記力は、訓練に費やした時間、言い換えれば努力の量の程度によってそのスキルが劇的に向上することが判明しています。

こんな実験があります。学生たちに15時間にわたって記憶の訓練を行ったところ、4人の学生が、その後、一度聞いただけで20桁以上の数字を正確に記憶できるスキルを身につけました。

さらに、そのうちの一人は、400時間の訓練を積んだところ、なんと102桁の数字を見事に一つの間違いもなく記憶できるようになったのです。400時間は長いと言えば長いですが、逆にこれだけの時間をかけさえすれば、暗記の「天才」になれる、ということです。

このように、スキルアップには、そのための訓練にかける時間の量、つまり努力の量が大いにものをいいます。

「やればやるだけ洗練されていくものだと思うので……そこは数をこなしていくのが大事なのではなくて、数をこなす分、よかった、悪かった、の回数が増えていくことで、それがより洗練されていくことにつながっていくんだと思います」（『Ｎｕｍｂｅｒ』９８０号・２０１９年6月27日〈文藝春秋〉）

数が内容を洗練させ、結果、質が向上していく。先にも紹介した「量質転化」は、大谷選手も実践している成功法則です。

まずはとにかく「量」を稼ぐ。そこから明日が拓けるのです。

「1万年生きるつもり」で今日を生きているあなたへ

あなたは、「私たちに与えられた人生の時間には限りがある」という事実を真剣に考えたことがありますか。

大谷選手は、私の知る限り、もっとも人生の有限を深く理解し、一日を大切に考えて完全燃焼させているアスリートです。メジャー入団1年目の年に、彼はこう語っています。

「自分自身も、もう年を重ねてどんどん歳を取っていくので、野球人生も中盤に差し掛かっていますし、なかなかこれから先、多くの時間があるわけではないっていうのも理解しているので、本当に無駄にしないように悔いの残らないように、毎日毎日頑張りたいと思います」（『Ｎｕｍｂｅｒ』963号・2018年10月25日〈文藝春秋〉）

私たちの人生は「いま」以外にありません。昨日はすでに終わってしまったもの。そして明日はまだ来ていないもの。存在しない過去や未来に一喜一憂するのは時間の無駄です。

『自省録』で知られる、紀元2世紀に生きたローマ皇帝マルクス・アウレリウスの言葉を噛みしめましょう。

「たとえ君が何千年生きようと、3万年生きようと、いまある人生以外に何も失うことはないし、その後に生きる人生があるわけでもない。そのことを忘れないようにしなさい」（『自分の人生に出会うための言葉』マーク・フォステイター／著、池田雅之・高井清子／訳〈草思社〉）

一日一日をあたかも自分にとっての最期の日であるかのように、自分が納得できるまで全力を尽くす――。このことを片時も忘れないことです。

「あたかも1万年も生きるかのように行動するな」

これもマルクス・アウレリウスの言葉です。

たった一度の限りある人生を充実させるため、左ページに示すような「自分日記」（図表6－2）を書く習慣を身につけましょう。

まず朝の10分間、机に座り、この日記の一番上の「1．なんとしても実現したい夢と目標」を簡潔に1行で書きましょう。この項目は原則として毎日同じメッセージを記入します。

次に、「2．今日の仕事のハイライト」と「3．今日のオフのハイライト」を、同じく1行でまとめましょう。続けて「4．今日のやるべきことリスト」と「5．今日のやらないことリスト」を記入します。その日は、ここで掲げたことを実現させるべく、全力で仕事に取り組んでください。

そしてその日の就寝前に、「6．今日の感想と反省」をまとめ、「7．今日の採点」を100点満点で記入してください。この「自分日記」が、あなたの「限りある人生の時間」を最高に充実させてくれるでしょう。

図表6-2 自分日記

＿＿＿年＿＿月＿＿日

1．なんとしても実現したい夢と目標は？

＿＿＿＿＿＿＿＿＿＿＿＿＿＿＿＿＿＿＿＿

2．今日の仕事のハイライト

＿＿＿＿＿＿＿＿＿＿＿＿＿＿＿＿＿＿＿＿

3．今日のオフのハイライト

＿＿＿＿＿＿＿＿＿＿＿＿＿＿＿＿＿＿＿＿

4．今日のやるべきことリスト

①＿＿＿＿＿＿＿＿＿＿＿＿＿＿＿＿＿＿＿
②＿＿＿＿＿＿＿＿＿＿＿＿＿＿＿＿＿＿＿
③＿＿＿＿＿＿＿＿＿＿＿＿＿＿＿＿＿＿＿
④＿＿＿＿＿＿＿＿＿＿＿＿＿＿＿＿＿＿＿
⑤＿＿＿＿＿＿＿＿＿＿＿＿＿＿＿＿＿＿＿

5．今日のやらないことリスト

①＿＿＿＿＿＿＿＿＿＿＿＿＿＿＿＿＿＿＿
②＿＿＿＿＿＿＿＿＿＿＿＿＿＿＿＿＿＿＿
③＿＿＿＿＿＿＿＿＿＿＿＿＿＿＿＿＿＿＿
④＿＿＿＿＿＿＿＿＿＿＿＿＿＿＿＿＿＿＿
⑤＿＿＿＿＿＿＿＿＿＿＿＿＿＿＿＿＿＿＿

6．今日の感想と反省

＿＿＿＿＿＿＿＿＿＿＿＿＿＿＿＿＿＿＿＿
＿＿＿＿＿＿＿＿＿＿＿＿＿＿＿＿＿＿＿＿
＿＿＿＿＿＿＿＿＿＿＿＿＿＿＿＿＿＿＿＿
＿＿＿＿＿＿＿＿＿＿＿＿＿＿＿＿＿＿＿＿
＿＿＿＿＿＿＿＿＿＿＿＿＿＿＿＿＿＿＿＿

7．今日の採点 ＿＿＿＿＿ 点（100点満点）

第7章

「ひらめき」を量産する技術を身につけよう

「論理」と「直感」を使い分けよう

ＡＩ、ＤＸ、ＩＣＴ革命……。時代は急激に変化しています。

これまでは、知識を武器にして、答えが一つしかない問題に熟達した人間が、会社という組織を上り詰めていきました。

しかし、今は、「直感（ひらめき）」を武器にして、今まで存在しなかったものを創造できる人材が求められる時代に変わってきています。

あなたが過去のことを考えるとき、無意識に「論理」を働かせています。たとえば、仕事がうまくいった理由を考えたり、逆に、失敗したことを反省したりするときに働くのは論理です。

一方、未来に思いを馳せるとき、自然に「直感」が働くように脳はできています。

転職や起業のアイデアなどは、それこそ、オフの日の散歩の途中でふとひらめいたりするもの。**「未来と直感は相性がいい」**のです。

私は、大谷選手は優れて直感的な人間だと思っています。それは彼が徹底した未来志向の持ち主だからです。

あるとき、彼はこう語っています。

「投げることも打つことも、変えることは怖くない。どんどん新しいこと、こうかなと思ったことをやってみることができる。それは自分の強みかなと思います」（『Ｎｕｍｂｅｒ』963号・2018年10月25日〈文藝春秋〉）

自分を変えることに貪欲で、「こうかな」とひらめいたことに迷わずチャレンジする。こんなときの直感が正しいことを大谷選手は経験的に熟知しているのです。

もちろん、私は、何事も直感で対処すべき、と主張しているわけではありません。

直感と論理をうまく使い分けて、当面する問題にチャレンジを続けることにより、私たちは夢に向かって着実に近づいていけるのです。

近年の驚異的な技術革新により、「誰もがもっている普通のスキル」は、どんどん淘汰される運命です。かわって、**「稀少価値のあるスキルへのシフト」**がますます求められています。

あなたの「希少価値のあるスキル」は何でしょう？

このことについて、一度、徹底的に考えてください。

左ページに**「貴重なひらめきを形に残すための具体策」**（図表7－1）を示します。せっかく浮かんだアイデアを忘れてしまって後悔することのないよう、ぜひ参考にしていただければと思います。

図表7-1 貴重なひらめきを形に残すための具体策

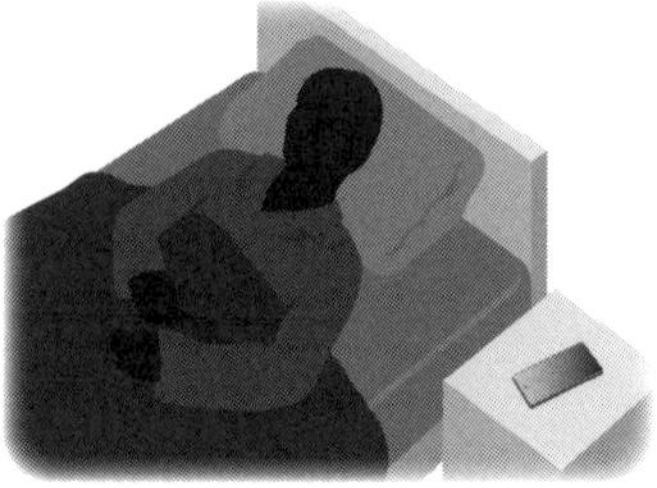

ベッドサイドにスマホを置いて、
思いついたらメモをとる習慣を

ウォーキング中にも、
スマホでメモしたり、
気になるものは写真を撮る

運転中は、車を停めて素早く
ボイスメモで済ませておくのが○

メモした内容は、クラウドに整理して見返せば、
新しい発想につながることも

周囲に振り回されない。「持論」を貫く生き方

「ひらめき」は脳のもつ最後のフロンティア領域です。大谷選手のようなひと握りのトップアスリートは、「ひらめき」を頼りに自分の潜在意識に注文を出し、独創性のある仕事を展開しているのです。

「常にきっかけを求めて練習しているというのはあります。ひらめきというか、こういうふうに投げてみよう、こうやって打ってみようというものが、突然、出てきますからね。やってみて何も感じなかったらそれでいいし、継続した先にもっといいひらめきが出てくることもあります。常にそういうひらめきを追い求めているんです。自分が変わるときは一瞬で上達しますし、そういうきっかけを大事にして練習していますね」（『大谷翔平 野球翔年Ｉ 日本編２０１３‐２０１８』石田雄太〈文藝春秋〉）

うまくいけばそれでよし。うまくいかなければ、新たな「ひらめき」を引き出してその打開策を見出し、再度チャレンジを仕掛ける。この繰り返しにより、自分は確実に進化していける、という確信を大谷選手はもっています。

つまり、大谷選手にとって本番のゲームとは、自分のピッチングとバッティングのスキルがどれだけ向上したか、それを「確認する場」なのです。

大谷選手は、高校時代に当時の野球部の佐々木洋監督から、**「先入観は可能を不可能にする」**という教えを叩き込まれました。以来、この言葉は大谷選手の飛躍を支えてきました。

世の中の「常識」がもたらす「先入観」を遵守すればするほど、「ひらめき」はどんどん退化していきます。先入観を捨て、大谷選手がやっているように、〝ひらめき→行動→検証〟という作業が大切なのです。

そして、検証して得た、「持論」を貫くようにしてください。周囲の声に惑わされることなく、自分独自の「持論」を貫く姿勢を崩さなければ、脳は新たな「ひらめき」を生み出してくれます。

こと仕事に関する限り、日本人はもっと持論を掲げ、「わがまま」であるべきだと私は思っています。


左ページに「ひらめきメモ」を示します（図表7－2）。

まず、ひらめきがほしいテーマをあらかじめ記入しておきます。ひらめきというものは具体性が増すことにより、生まれやすくなるのです。

ひらめいた内容だけでなく、ひらめいたとき、何をしていたか、何を考えていたか、についても記入しましょう。この傾向がわかれば、以後の応用が可能となります。

さらに誰にも独自のひらめきが起きやすい時間帯が存在するので、それを知るために、ひらめいた日時を分単位まで細かくメモしましょう。

このメモを活用して、あなたのひらめき力をバージョンアップしてください。

図表7-2 ひらめきメモ

_____ 年____月____日____時____分

☆テーマ

____

☆そのとき、何をしていた?

____

____

____

____

☆そのとき、何を考えていた?

____

____

____

____

☆ひらめいた内容

「常識」は「創造」の敵である

大谷選手は、徹底して「停滞」を嫌います。おそらく、「停滞するくらいなら後退したほうがマシ」とまで考えているはずです。後ろに下がるのもアクションであり変化です。とにかく、一つの場所に留まってじっとしていることが大谷選手は我慢ならないのです。

「何も変わらないより、何かを変えていったほうがいい。何も変わらなかったら、前の年と同じ結果になる可能性が高いですし、変化を求めていったほうが僕は楽しいと思うんですよね。これが良かった、これが悪かった。そういうのをくり返したほうが面白いんじゃないかと思うんですね」（『道ひらく、海わたる　大谷翔平の素顔』佐々木亨〈扶桑社〉）

実際、バットのコンタクトポイントをほんの数ミリ変化させることで、これまで平凡なフライだったのが見事なホームランになるのが野球の世界です。変化は進化の条件でもあるのです。

現状維持を葬り去り、果敢に行動を起こして変化を求めることこそ、大谷選手が一番大事にしているプロアスリートとしての生き方です。

ここで「創造性」の話をしましょう。

創造性とは、何も画期的なアイデアを生み出すとか、革新的な商品を世に出すことだけに留まりません。**小さな改良や効率の向上を実現させること、こうした変化を絶え間なく生み出していくことも価値ある創造性**なのです。

これからの仕事に必要なのは創造性です。小さな変化を積み重ね、あなただけの独創的な仕事を成し遂げましょう。誰にも真似のできない仕事は、達成感と大きなやり甲斐も与えてくれるのです。

ところであなたは、大谷選手のことを、「好きな野球で莫大な報酬を得て幸せだ」と考えているかもしれません。
そんなあなたは、以下の問いのすべてにイエスと言えるでしょうか？

「1日の大半を厳しい、しかも、とても単調な練習に費やすことができますか？」

「15連戦も当たり前の全米を飛び回る心身の過酷さを乗り越える心身のタフネスを備えていますか？」

「高額の年俸に見合うだけの活躍を球団トップやファンから期待され、その重圧を乗り越えるタフネスを備えていますか？」

私たちは、大谷選手がホームランを何本打ったとか、報酬がいくらだとか、表面的な部分しか見ていません。私たちの大谷選手像は、常識的な理解に留まっています。
しかし、見えない部分で大谷選手は、とてつもなく厳しい練習を積み重ね、私たちの想像を絶するプレッシャーに耐えています。こうした見えない部分にこそ、彼の本当のすごさが隠されています。

実は、**「常識」こそ、私たちの創造性を阻害する最大の要因**です。

大谷選手は、まだ少年の頃から世間で常識と呼ばれているものを疑問視してきました。それが彼を〝二刀流〟という創造的なプレーヤーに押しあげたことは間違いないのです。

あなたの創造性を阻害するのは、あなたの脳内に長年にわたってしつこくこびりついている常識です。

創造性を高めたかったら、ウンウン唸って新しいアイデアをひねり出そうとするのではなく、まずは常識をいったん捨て去ることから始めましょう。そして、自分の視野を曇らせている思い込みを心の底から疑ってみましょう。

「ひらめき」を生むには〝コツ〟がある

「ひらめき」に関して、多くの人が誤解していることがあります。

それは、たとえば「静かな環境でリラックスしているときにいいアイデアがひらめく」といった誤解です。

あるいは、**「浴槽にどっぷり浸かったり、トイレに閉じこもっているときに素晴らしいひらめきが生まれる」**と説く専門家もいます。

しかし、残念ながら、これだけだとほしいアイデアは浮かんでこないと、私は考えています。

私が一番ひらめくのは、ウォーキングをしているときです。途中で休憩して汗を拭いているときなどに、フッと浮かんでくるのです。

科学的にも、運動によって身体活動を活発にすることで、脳の「ひらめき」を生じさせる領域に刺激を与え、結果、「ひらめき」を生み出すことがわかっています。

つまり、静かな環境でリラックスしたり、浴槽にどっぷり浸かるだけでは不十分で、その前に、たとえば営業マンなら得意先を何軒も訪問するなど、体を使った活動を伴うことが重要なのです。

「休んでいる間でも『こういうふうにやってみようかな』とひらめいたりすることがあります。ノートに書くこともありますが、僕はそのままウェイトルーム、室内練習所へ行って、そのひらめきを試すことが多いですね」（『道ひらく、海わたる　大谷翔平の素顔』佐々木亨〈扶桑社〉）

大谷選手にしても、練習や試合で体を使ったあと、休んでいるときにひらめきが訪れています。ただし、「ひらめき」には使えないものもたくさん含まれます。それは、実際に試してみるまでわかりません。

「ひらめき」を得たら、すぐにそれをメモするなどして形に残す。それだけでなく、大谷選手のように、実際にその「ひらめき」をなるべく早く検証する。「ひらめき」をあなた独自の成果に結びつけるには、これが鉄則です。

左ページに**「アイデアを考えるのに適した場所」**の調査データを挙げておきます（図表7－3）。「寝床」「歩きながら」「乗り物のなか」というのがトップ3です。

そのほかに「早朝のウォーキング」など、私がおすすめする環境も挙げておきます。自分に合いそうなものを選んで、ぜひ試してみてください。

図表7-3 アイデアを考えるのに適した場所

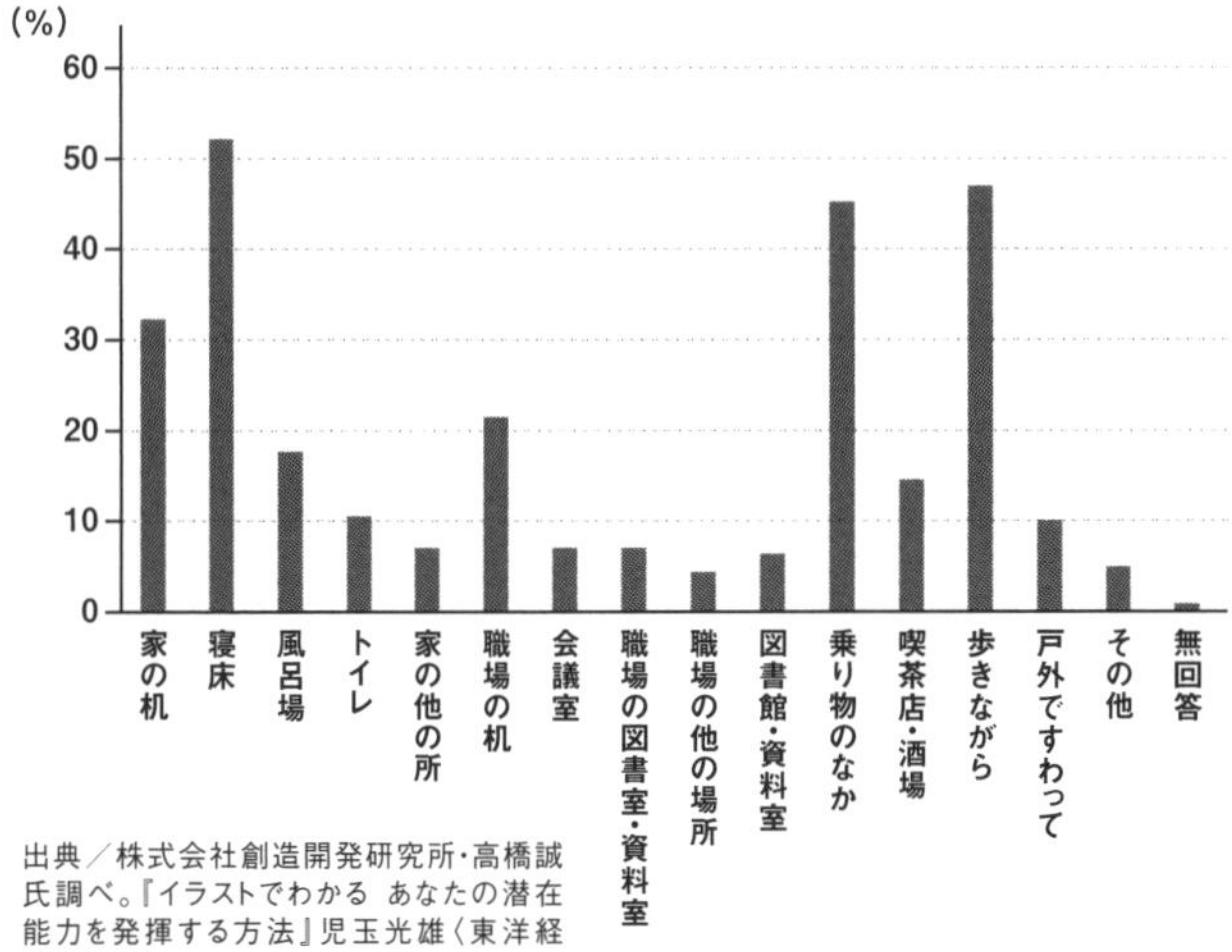

出典／株式会社創造開発研究所・高橋誠氏調べ。『イラストでわかる あなたの潜在能力を発揮する方法』児玉光雄〈東洋経済新報社〉

早朝のウォーキング

通勤中に車窓をながめながら

カフェでリラックスしながら

環境を変えて、旅先なども

大事なのは「ひらめき」から
ホンモノを見つけること

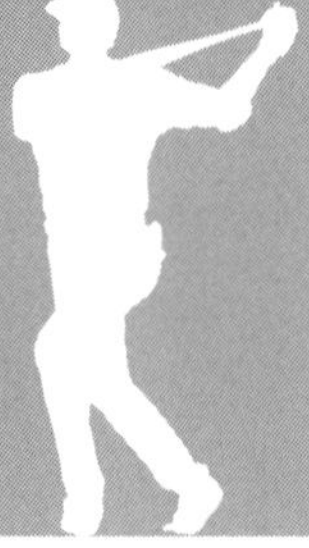

最近、若者の二極化が進んでいます。

それは、「独創的で自分の頭で考える若者」と「画一的で自分の頭で考えない若者」です。組織がほしいのはもちろん前者です。

以前なら、知識はビジネスの武器になりました。しかし、今の時代、知識をひたすら脳に詰め込んでも何の意味もありません。スマホの検索機能やＡＩを使えば、今あなたが必要としているすべてのジャンルの知識を、瞬時に取り出すことができるからです。

今の時代の若者に求められるのは、斬新なアイデアや、ニッチ部門での魅力的なテー

マを自分の頭で考え出す能力です。

既存の情報の「コピペ」を仕事と心得ているような独創性の乏しい若者は、やがて会社で居場所を失うことになるでしょう。

ただし、問題はここからです。

ひらめいただけでは、それらはまだ玉石混交。その中からホンモノを見つけ出す、検証の作業が必要です。

「野球って、同じ失敗をしちゃダメなのに同じ失敗ばかりするものなんですよ。ああ、なんでまた同じことやってんのかなってことばっかり。でも、たまーに、あるんです。今回もダメだろうなと思いつつやってみたら、あれっ、これ、いい方向じゃん、正解だったのかな、と思える。ああ、あの失敗はやる時期が早かっただけで考え方は合っていたのかということもある。一度やってダメだったから失敗ということではないし、成功したと思っていたことが、今になって何であんなことをやっていたんだろうという技術もあります」（『Ｎｕｍｂｅｒ』１０９４、１０９５号・２０２４年5月16日〈文藝春秋〉）

なんと深い言葉でしょうか。大谷選手は、「失敗」が「成功」だったり、「成功」が「失敗」だったりすることを、何度も痛いほど経験しています。正解を求めて、懲《こ》りずにまたトライする。こうした終わりのない検証が、大谷選手を唯一無二のプレーヤーに育て上げたのです。

あなたも、現状維持で無個性な若者の群れから飛び出して、「自分の頭で考える独創性のある若者」の仲間入りをしましょう。

そうすれば、あなたは間違いなく組織で代えのきかない人材になり、成功者のカテゴリーに入る確率が高まるのです。

左ページに「ひらめき」に関するおすすめの言葉を紹介しました。これらの言葉を繰り返し噛みしめて、「ひらめき」の快感を味わってください。こうして脳をその気にさせることも、「ひらめき力」の獲得に役立ってくれます。

1．いままでの行きがかりにとらわれない。
2．教えはいくら受けてもいいが、大先生にのめりこまない。
3．無用なガラクタ情報に惑わされない。
4．創造力を発揮して自分の主張を貫くには闘うことを避けてはならない。
5．子供のような飽くなき好奇心と初々しい感性を失ってはいけない。

――江崎玲於奈（物理学者）（『1日1話、読めば心が熱くなる365人の仕事の教科書』藤尾秀昭／監修〈致知出版社〉）

攻めていくということは、かなり難しい局面でも、それをクリエーティブに打開していかなければならない。

そのためには、脳みそがちぎれるほど考えろ、と。

ちぎれるほど考えてもなかなかちぎれません。

本当に心底、ちぎれるほど考えてみよ、そうするとおのずから新しいひらめきなり問題解決策が出てくる、というんです。


――孫正義（ソフトバンク創業者）（同右）

正解が見つからないなら「ひらめき」に聞け！

今取り組んでいるテーマを脳内にしっかり叩き込んで、「ひらめき」を手掛かりに独創的な手段を考案する。そして、それに基づいた行動を繰り返すことにより、目的をクリアしていく――。

これが、私の考える大谷選手の野球に対する基本的スタンスです。

大谷選手のこうした厳しい野球への取り組み姿勢を支えているのが、心の底で密かに燃える**「探究心」**です。そのスタミナに溢れた探究心は、大谷選手の優れたスキルの一つともいえるのです。

「バッターボックスに立ったときに何をテーマにしてバットを振っているか？」と聞

かれて、彼はこう答えています。

「僕は、フライを常に打ちたい打者です。だからといってバットの軌道を下から上に上げていく直線運動だとフライにならない確率が多い。ダウンスイングでも厳しい。（中略）一番いいイメージは『V字』のようなダウンした後に上に上げていくような軌道ではあるのですが……。でも、それにしなければ、というのもないんです。毎日の打撃練習などで、そのときの一番フライが上がりやすい軌道を探している、というのがわかりやすい説明じゃないですかね」（『週刊ベースボールONLINE』2018年12月17日）

「バットをこうスイングすれば必ずホームランになる」といった究極の答えがあるわけではありません。

昨日うまくいった方法が、必ずしも今日も通用するとは限らないのです。野球に限らず、スポーツというのは、そもそもそういう世界です。

試合前の練習で「その日、そのとき」の答えを探し、確認して、バッターボックスに立つ」という、いわば〝綱渡り〟のような毎日を大谷選手は送っています。これはおそらく常人に真似できることではありません。

「一点集中」の精神で、目の前の仕事の井戸を深く掘り進むことで、代役のきかない真のプロフェショナルを目指す。そして、自分がこれまでの人生で培ったスキルを目の前の仕事で遺憾なく発揮する。これこそ幸福感に満ちた充実した仕事人生を手に入れるための究極の具体策なのです。

左ページに、「天才と普通の人の思考パターンの違い」（図表7－4）を示します。天才の思考パターンを参考にして、あなたのひらめき脳を活性化させましょう。

図表7-4 天才と普通の人の思考パターンの違い

天才の思考パターン	普通の人の思考パターン
徹底して一つのテーマに絞り込んで、それに全力を尽くそう	今日もたくさん残業をこなさなければならない。とにかく頑張ろう
なんとしても午後5時までに仕事を切り上げて、オフタイムを楽しもう	なんとか午後10時までにオフィスを出られたらいいんだが……。マイペースで今日中に仕事を完了させればいい
自分のアイディアを精一杯盛り込もう	部長の言われた通りにやっておけばいいや
仕事は自分でつくっていくもの	この不景気だから、この仕事で我慢しなくては……
仕事が楽しくて仕方がない	仕事というものは本来金を稼ぐためにあるから、つまらなくても我慢しなくては……
この仕事の主役は私。自分の主張を貫こう	とにかく波風を立てずに無難に仕事をこなせばいいや
さあ、新しい朝が来た	もう憂鬱な朝が来た
とにかく行動することを最優先させよう	考えに考え抜いて、成功する見込みのないことには手出しするのはやめよう
派手な色が好きだ	地味が一番。とにかく目立たないようにしよう
自分に忠実に生きよう	会社に忠実に生きよう
人生のキャンバスに自分色で自由に思いのままを描こう	上司の言うことを忠実にやっていれば自分のポジションは安泰だ
常に過激な発想を追い求めよう	現状維持を最優先させていればいい

大谷翔平選手のプロフィールとおもな成績

Profile

1994年7月5日生まれ、岩手県出身。
身長193cm、体重95kg。右投げ左打ち。
2012年、花巻東高からドラフト1位で日本ハムへ入団。
二刀流として注目を集め、14年に2桁勝利&2桁本塁打を達成。
18年にエンゼルスと契約し、MLBへ。
投打にわたり活躍し、ア・リーグ新人王を受賞。
21年はオールスター史上初めて投手と野手の両方で選出され、
シーズンでは9勝、46本塁打でリーグMVPを獲得。
22年はMLB史上初となる投打で規定に到達した。
23年は本塁打王に輝き、2度目のリーグMVP。
オフにドジャースと10年総額7億ドルの北米プロスポーツ史上最高額で契約した。
24年は前年に肘の手術を受けたため打者に専念。
MLB史上初の50本塁打、50盗塁を達成するとともに、
二度目の本塁打王に加え、打点王との二冠に輝く。
また、チームは12年連続、自身は初のプレーオフ進出をはたした。

投手成績

年度	チーム名	登板数	勝	敗	投球回	防御率	奪三振
NPB							
2013	日本ハム	13	3	0	61.2	4.23	46
2014	日本ハム	24	11	4	155.1	2.61	179
2015	日本ハム	22	15	5	160.2	2.24	196
2016	日本ハム	21	10	4	140	1.86	174
2017	日本ハム	5	3	2	25.1	3.20	29
MLB							
2018	エンゼルス	10	4	2	51.2	3.31	63
2019	エンゼルス	-	-	-	-	-	-
2020	エンゼルス	2	0	1	1.2	37.80	3
2021	エンゼルス	23	9	2	130.1	3.18	156
2022	エンゼルス	28	15	9	166	2.33	219
2023	エンゼルス	23	10	5	132	3.14	167
2024	ドジャース	-	-	-	-	-	-

■打者成績

年度	チーム名	試合	打席	打数	安打	打率	本塁打	打点	得点	盗塁
NPB										
2013	日本ハム	77	204	189	45	.238	3	20	14	4
2014	日本ハム	87	234	212	58	.274	10	31	32	1
2015	日本ハム	70	119	109	22	.202	5	17	15	1
2016	日本ハム	104	382	323	104	.322	22	67	65	7
2017	日本ハム	65	231	202	67	.332	8	31	24	0
MLB										
2018	エンゼルス	114	367	326	93	.285	22	61	59	10
2019	エンゼルス	106	425	384	110	.286	18	62	51	12
2020	エンゼルス	46	175	153	29	.190	7	24	23	7
2021	エンゼルス	158	639	537	138	.257	46	100	103	26
2022	エンゼルス	157	666	586	160	.273	34	95	90	11
2023	エンゼルス	135	599	497	151	.304	44	95	102	20
2024	ドジャース	159	731	636	197	.310	54	130	134	59

■大谷翔平選手のおもな受賞歴（2024年10月1日現在）

◆NPB

・最優秀選手：1回（2016年）
・ベストナイン：3回（投手部門：2015～16年／指名打者部門：2016年）※2016年は史上初の投手部門と野手部門の同時受賞
・月間MVP：2回（投手部門：2015年3、4月、2016年6月）
・最優秀バッテリー賞：1回（2015年　捕手：大野奨太）
・札幌ドームMVP：2回（野球部門：2015～16年）
・セ・パ交流戦　日本生命賞：1回（2016年）
・オールスターゲームMVP：1回（2016年第2戦）指名打者として
・オールスターゲーム敢闘選手賞：1回（2013年第3戦）右翼手として
・オールスターゲーム SKYACTIV TECHNOLOGY賞：1回（2013年）右翼手として
・報知プロスポーツ大賞：2回（2014年、2016年）
・日本プロスポーツ大賞：2回（2016年、2018年）

◆MLB

・新人王：2018年
・シーズンMVP：2回（2021年、2023年）

1位票満票：2回（2021年、2023年）史上19人目、複数回は史上初
・月間MVP：5回（野手部門：2021年6月、7月、2023年6月、7月、2024年9月）
・シルバースラッガー賞（指名打者部門）：2回（2021年、2023年）
・エドガー・マルティネス賞：3回（2021～23年）
・ハンク・アーロン賞：1回（2023年）
・コミッショナー特別表彰：1回（2021年）
・ロサンゼルス・エンゼルス最優秀選手賞：3回（2021～23年）
・ニック・エイデンハート最優秀投手賞：2回（2021～22年）
・ESPY賞「ベストMLB選手」部門：4回（2021～24年）最多タイ、4年連続受賞は史上初
「最優秀男性アスリート」部門：1回（2022年）
・プレイヤーズ・チョイス・アワーズ　MLB年間最優秀選手：1回（2021年）
アメリカンリーグ最優秀選手：2回（2021年、2023年）

◆国際大会

WBSCプレミア12・ベストナイン：1回（先発投手部門：2015年）
WBC 東京ラウンドMVP：1回（2023年）
WBC MVP：1回（2023年）
オールWBCチーム　投手部門：1回
指名打者部門：1回（ともに2023年）

おもな参考、引用文献

書籍

『あなたにそっと教える 夢をかなえる公式』イ・ジソン／著、吉川南／訳〈サンマーク出版〉
『あなたの潜在能力を引き出す20の原則と54の名言』ジャック・キャンフィールド、ケント・ヒーリー／著、弓場隆／訳〈ディスカヴァー・トゥエンティワン〉
『1日1話、読めば心が熱くなる365人の仕事の教科書』藤尾秀昭／監修〈致知出版社〉
『イラストでわかる あなたの潜在能力を発揮する法』児玉光雄〈東洋経済新報社〉
『運の方程式』鈴木祐〈アスコム〉
『ウィリアム・ジェイムズ入門』スティーヴン・C・ロウ／編著、本田理恵／訳〈日本教文社〉
『大谷翔平語録』斎藤庸裕〈宝島社〉
『大谷翔平「二刀流」の軌跡』小林信也〈マガジンランド〉
『大谷翔平 野球翔年Ⅰ 日本編2013-2018』石田雄太〈文藝春秋〉
『科学的に幸福度を高める50の習慣』島井哲志〈明日香出版社〉
『仕事と幸福、そして人生について』ジョシュア・ハルバースタム／著、桜田直美／訳〈ディスカヴァー・トゥエンティワン〉
『自己を変革するイチロー262のメッセージ』「自己を変革するイチロー262のメッセージ」編集委員会／著、イチロー／監修〈ぴあ〉
『自分の人生に出会うための言葉』マーク・フォステイター／著、池田雅之・高井清子／訳〈草思社〉
『自分を変える89の方法』スティーヴ・チャンドラー／著、桜田直美／訳〈ディスカヴァー・トゥエンティワン〉
『自分を超える法』ピーター・セージ／著、駒場美紀・相馬一進／訳〈ダイヤモンド社〉
『スポーツと催眠』長田一臣〈道和書院〉
『続・働く理由――99の至言に学ぶジンセイ論。』戸田智弘〈ディスカヴァー・トゥエンティワン〉
『SHO-TIME2.0 大谷翔平 世界一への挑戦』ジェフ・フレッチャー／著、タカ大丸／訳〈徳間書店〉
『精神科医が見つけた 3つの幸福 最新科学から最高の人生をつくる方法』樺沢紫苑／著〈飛鳥新社〉
『地上最強の商人』オグ・マンディーノ／著、稲盛和夫／監修〈日本経営合理化協会出版局〉
『働く理由――99の名言に学ぶシゴト論。』戸田智弘〈ディスカヴァー・トゥエンティワン〉
『不可能を可能にする 大谷翔平120の思考』大谷翔平〈ぴあ〉
『プロ脳』児玉光雄〈アスコム〉
『プロ論。』B-ing編集部／編〈徳間書店〉
『道ひらく、海わたる 大谷翔平の素顔』佐々木亨〈扶桑社〉

『野球翔年Ⅱ MLB編2018－2024 大谷翔平 ロングインタビュー』石田雄太〈文藝春秋〉
『やり抜く力――人生のあらゆる成功を決める「究極の能力」を身につける』アンジェラ・ダックワース／著、神崎朗子／訳〈ダイヤモンド社〉
『「やればできる！」の研究 能力を開花させるマインドセットの力』キャロル・S・ドゥエック／著、今西康子／訳〈草思社〉

新聞

『朝日新聞』2024年9月21日

雑誌

『速報 大谷翔平 二刀流 ALL STAR GAME（サンケイスポーツ特別版）』〈サンケイスポーツ〉
『Number』963号・2018年10月25日〈文藝春秋〉
『Number』980号・2019年6月27日〈文藝春秋〉
『Number』1002号・2020年5月21日〈文藝春秋〉
『Number』1035号・2021年9月24日〈文藝春秋〉
『Number』1094、1095号・2024年5月16日〈文藝春秋〉

Web

「NHK NEWS WEB」2023年12月15日
「NHK NEWS WEB」2024年9月20日
『週刊ベースボール ONLINE』2018年12月17日
「SPREAD」2020年3月30日
「スポニチアネックス」2024年3月1日
「Smart FLASH」2022年12月30日
「SEIKO PROSPEX × Shohei Ohtani インタビュー2023」
「セールスフォース」
「デサントジャパン 大谷翔平特別インタビュー」2020年3月31日
「日テレジータス」2020年9月18日付
「日本スポーツ振興センター アスリート育成パスウェイ インタビュー」2016年12月12日
「Forbes JAPAN」公式サイト 2022年2月10日
「LIFE COMPASS ～人生を導く格言～」
「REAL SPORTS」岩本義弘 2021年11月19日

■著者略歴
児玉光雄（こだま・みつお）
1947年兵庫県出身。追手門学院大学特別顧問。元鹿屋体育大学教授。京都大学工学部卒業。学生時代はテニスプレーヤーとして活躍し、全日本選手権にも出場。卒業後10年間、住友電気工業研究開発本部に勤務。企業内留学制度により、カリフォルニア大学ロサンゼルス校（UCLA）大学院に学び、工学修士号を取得。その後独立し、米国五輪委員会スポーツ科学部門の客員研究員として、米国五輪選手のデータ分析に従事。過去35年以上にわたり、臨床スポーツ心理学者として、ゴルフ・テニスを中心に、数多くのプロスポーツ選手のメンタルカウンセラーを務める。また右脳活性プログラムのトレーナーとして、受験雑誌や大手学習塾に右脳活性トレーニングを提供するとともに、過去1000回以上のビジネスセミナーの講師を務める。著書は10万部以上のベストセラーになった『この一言が人生を変える イチロー思考』（知的生きかた文庫）をはじめ、『大谷翔平 勇気をくれるメッセージ80』（三笠書房）、『突出力 村上宗隆に学ぶ「自分の限界」の超え方』（小社）など250冊以上。日本スポーツ心理学会会員。
■ホームページ　http://www.m-kodama.com
■ Facebook　http://www.facebook.com/mitsuo.kodama.9

デザイン／イエロースパー
カバーイラスト／萩原 慶
本文イラスト／石川 武
写真／スポニチ / アフロ、日刊スポーツ / アフロ、毎日新聞社 / アフロ
校正／谷田和夫
編集協力／江渕真人（コーエン企画）

大谷翔平《おおたにしょうへい》に学《まな》ぶ
ポジティブ思考《しこう》で
運命《うんめい》を拓《ひら》く力《ちから》

2024年11月16日　第1刷発行

著　　者　児玉光雄《こだまみつお》

発 行 者　島野浩二
発 行 所　株式会社双葉社
〒162-8540
東京都新宿区東五軒町3番28号
☎（03）5261-4818（営業）
☎（03）5261-4869（編集）
http://www.futabasha.co.jp/
（双葉社の書籍・コミック・ムックがご購入いただけます）

印刷・製本　中央精版印刷株式会社

ISBN978-4-575-31932-3 C0095

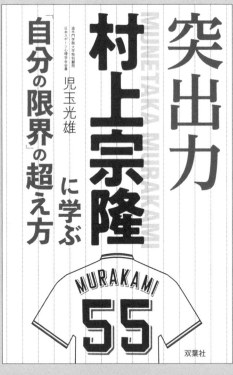